Picardie
ÄRMELKANAL
W0209700
Sain
Saint-Pierre-en-Port
Életot
Fécamp
Étretat
Arques
DEPARTEMENT
SEINE-MARITIME
Pays de Caux
Havre
Seine
Criqueboeuf
Pennedepie
Honfleur
Rouen
erville
Trouville-sur-Mer
Pont-Audemer
eauville
Pont-l'Évêque
Risle
Les Andelys
Blangy-le-Château
Seine
uvron-
-Auge
Lisieux
Vexin
Touques
Bernay
Vernon
Évreux
varot
DEPARTEMENT EURE
N
Camembert
S
rgentan
NE
Perche
ençon
0 10 20 30 km

mare

Sabine Grimkowski

Meine Normandie

mare

1. Auflage 2022

Karte Peter Palm, Berlin
Typografie Iris Farnschläder, mareverlag
Schrift Guardi
Druck und Bindung CPI books GmbH, Germany
ISBN 978-3-86648-652-2

MIX
Papier aus verantwortungsvollen Quellen
FSC® C083411

www.mare.de

Inhalt

Madame Colette

Wo willst du hin? In die Normandie?«, fragten Freunde mit unverhohlener Verständnislosigkeit, als ich ihnen von meinem Plan erzählte. Alle Welt, zumindest die deutsche, fuhr, wenn es Frankreich sein sollte, in die Bretagne. Warum also die Normandie? Ich hatte mich gerade länger mit Marcel Proust beschäftigt und wollte mir sein »Balbec« ansehen, Cabourg und das Grand Hôtel, in dem er in den Sommermonaten zwischen 1907 und 1914 an seinem großen Werk, der *Recherche*, schrieb. Und wenn schon Normandie, dann auch Trouville und das Hôtel des Roches Noires, wo Marguerite Duras, deren Bücher und Filme zu einem früheren Zeitpunkt eine wichtige Rolle in meinem Leben gespielt hatten, ihre letzten Jahre verbrachte. Und Deauville, wo Claude Lelouch in seinem Nouvelle-Vague-Klassiker *Ein Mann und eine Frau* die schöne Anouk Aimée und den jungenhaften Jean-Louis Trintignant in langen Einstellungen über den scheinbar endlosen Strand laufen lässt.

Diese Normandie suchte ich, den Ort der Literaten und Filmemacher, nichts Präzises, eher etwas Atmosphärisches. Bilder geisterten durch meinen Kopf, und ich hätte nicht sagen können, ob sie tatsächlich von Fotos und aus Filmen stammten oder meiner Fantasie entsprungen waren. Was erwartete ich? Eine Marguerite-Duras-Normandie vorzufinden, in der die

Zeit stehen geblieben war? Oder meine eigene jugendliche Begeisterung wiederzuentdecken, mit der ich in den Siebzigerjahren die neue Welle, die aus Frankreich heranrollte, begrüßte? Oder glaubte ich, in Cabourg, Prousts »Balbec«, auf Spuren des 19. Jahrhunderts zu stoßen? Wahrscheinlich ein bisschen von allem. Mir scheint, ich denke erst jetzt, beim Schreiben, über meine Beweggründe nach. Damals, vor zwanzig Jahren, gab ich, ohne zu überlegen, einfach einem Wunsch nach, einem Impuls, den die Lektüre eines Romans ausgelöst hatte, in dem Erinnerung und Vorstellung über die Wirklichkeit triumphieren. Die Vorstellung an der Wirklichkeit zu messen oder beide in ein Verhältnis zueinander zu bringen, ist ein schwieriges Unterfangen. Häufig stellt sich Enttäuschung ein, manchmal Verwunderung, seltener glückliche Überraschung. Ob ich damals auch nur einen Moment an das Risiko dachte, desillusioniert zu werden, weiß ich nicht mehr. Ich weiß nur, dass mein Kopf angefüllt war mit Bildern, die Gelesenes oder Gehörtes bei mir ausgelöst hatten und die wie Sedimente aus verschiedenen Phasen meines Lebens in mir aufgeschichtet waren. Diesen Bildern wollte ich nachgehen.

Im Mai 2001 nahm ich an der Gare Saint-Lazare in Paris den Zug nach Trouville. Diese Eisenbahnstrecke hat auch Marcel Proust genutzt, als er in die Normandie fuhr, und vor ihm viele andere Pariser und Wahl-Pariser. Bereits 1837 wurde in der Nähe des jetzigen Bahnhofs für die erste Eisenbahnlinie in den Westen Frankreichs eine Station konstruiert, und 1867 besaß die Gare Saint-Lazare annähernd ihre heutige Gestalt. Claude Monet hat auf seinem Gemälde von 1877 eine wild dampfende, in die Bahnhofshalle einfahrende Lokomotive verewigt. Und auf einem Bild des Kollegen Pissarro, das sechzehn Jahre später entstanden ist, lässt sich ein enormer Auftrieb von Kutschen auf dem Bahnhofsplatz beobachten. Um die Jahrhundertwende hatte sich bereits, begünstigt durch die Entstehung luxuriöser Hotels, ein lebhaftes Badeleben an der normannischen Küste entwickelt. Der Zug brauchte damals von Paris etwa fünf Stunden, heute weniger als die Hälfte.

Im Jahr 2001 trug die Bahnhofshalle noch nicht die Zeichen der Umwandlung in einen mehrstöckigen Konsumtempel, der mittlerweile alle Bahnhöfe unterliegen. Sie hatte schon bessere Tage gesehen, aber es war alles für die Reise Notwendige vorhanden, ein Stand mit Croissants und Sandwiches, ein Kiosk mit Zeitungen und Zeitschriften, ein Café. Der Zug, der morgens und abends Pendler in die Hauptstadt bringt, war auf der Gegenstrecke am Mittag fast leer. Als er die Pariser Vororte hinter sich gelassen hatte, nahm er Kurs gen Westen, immer südlich der Seine entlang, die sich wie eine Schlange in zahlreichen Windungen auf ihre Mündung bei Le Havre zubewegt.

Die erste normannische Station ist Évreux. Bis dahin bietet die Landschaft keinen herausragenden Anblick, Felder, Wiesen und Hecken wechseln sich in schöner Eintönigkeit ab. Erst vor Lisieux wird sie waldreicher und etwas hügeliger. In Lisieux thront die Basilika, weithin sichtbar, über der Stadt. Sie ist der heiligen Thérèse gewidmet, die sich der Hingabe an Gott verschrieb und in ihren Gebeten Fürbitte für die Hilfesuchenden hielt. Einige der Bitten sollen in Erfüllung gegangen sein, weshalb sie schon zu Lebzeiten als Heilige verehrt wurde. Mit vierundzwanzig starb die Gottesfürchtige an Tuberkulose. Ein früher Tod trägt bekanntlich zur Entstehung eines Mythos bei, und Thérèses Grab und die Basilika gehören zu den beliebten Pilgerorten von Gläubigen und Wünschenden. Ich kenne Thérèse aus Joseph Roths traurigem Roman *Die Legende vom heiligen Trinker,* in dem all das Wunderbare, das ihm geschieht, den

Helden nicht dazu bringen kann, seine Trunksucht zu überwinden. Wahrscheinlich können Wunder nur dann ihre Wirkung entfalten, wenn man sie nicht nur herbeisehnt, sondern auch fest daran glaubt, dass sie sich erfüllen. Dann erst setzt sich die Triebkraft menschlichen Handelns in Gang.

Kein Wunder, aber eine Überraschung, bescherte mir der Himmel. Ich hatte mir die Normandie grau, regnerisch und stürmisch vorgestellt, war ausgerüstet mit Regenjacke und Wollpullovern. Aber nun: wolkenloses Blau und eine kräftige Maisonne. Von Pont-l'Évêque – den Namen kannte ich bisher nur von einem cremigen, würzigen Weichkäse, dem Brie nicht unähnlich – war es nicht mehr weit, und der Zug fuhr in den Kopfbahnhof von Trouville-Deauville ein. Die wenigen Mitreisenden strebten eilig dem Ausgang zu. Ich dagegen ließ mir Zeit und betrachtete ausgiebig das normannische Fachwerkgebäude, die Halle mit den beiden Fahrkartenschaltern und einem Kiosk und die beiden Wandgemälde unterhalb der Decke. Eins zeigt Stadtpläne von Trouville und Deauville, das andere die gesamte Normandie, stilistisch erinnern sie an mittelalterliche Landkarten.

Für mich waren Bahnhöfe und Züge schon immer die verkörperte Verheißung von Weite und Fremde. Als Kind hörte ich, wenn ich abends im Bett lag, das Tuten der Lokomotive, die mit ihren Waggons im Schlepptau unser Städtchen in der Lüneburger Heide umrundete. Die Welt rief, und ich träumte mich weit weg in ferne Länder. Im Alter von sechs wagte ich zum ersten Mal den Versuch, eigenständig eine Reise zu unternehmen. Nach der Schule schlug ich nicht den Heimweg ein, sondern begab mich zum Bahnhof, um in einen Zug zu steigen und es mindestens bis zum übernächsten Halt zu schaffen. Das Vorhaben wurde von einer Tante vereitelt, die mich unterwegs entdeckte und nach Hause brachte. Zum Glück war meine Abwesenheit noch nicht bemerkt worden. Dass ich gelegentlich herumtrödelte, nahmen meine Eltern gelassen hin, aber wenn sie von meiner Reiseabsicht erfahren hätten, wäre ein Hausarrest unumgänglich gewesen. Die Tante hielt dicht, dafür schenkte ich ihr mein Leberwurst-Pausenbrot, das ich mir als Proviant aufgespart hatte.

Die Taxis vor dem Bahnhofsgebäude ließ ich links liegen. Nach dem Stadtplan brauchte ich nur die Brücke zu überqueren, die Trouville von Deauville trennt, und am Flüsschen Touques entlangzugehen, das hinter dem Casino in den Ärmelkanal mündet. Trouville machte auf den ersten Blick einen trägen, behäbigen, verschlafenen Eindruck auf mich. Angler standen am Kai, ältere Menschen saßen auf Bänken in der Sonne, die Hauptstraße war wenig befahren. In der Fischhalle warteten Händler auf Kundschaft. Bei der Brasserie Le Central begann die autofreie Zone der Rue des Bains, kleine Geschäfte reihten sich aneinander, Garne und Wolle, Käse, eine Buchhandlung mit handgeschriebenen Empfehlungen der Besitzerin, Haushaltsgeräte, englische Antiquitäten, Blumen und Arbeitsbekleidung und Schiffsbedarf.

Ohne die Örtlichkeiten zu kennen, hatte ich telefonisch eins von drei Zimmern eines kleinen Hotels gebucht, in der Nähe der Kirche Bon Secours, zu einem erstaunlich niedrigen Preis. Nach Hotel sah das Gebäude nicht aus, und, merkwürdig, die Eingangstür war verschlossen. Auf mein Klingeln öffnete eine ältere Dame in dunkelgrünem Leinenkostüm, mit gelockten Haaren in einem Rotton, der nur der Farbpalette eines Friseurs entstammen konnte. Ich nannte meinen Namen.

»Willkommen in meinem Schloss, Madame.«

Die Dame sagte wirklich »Schloss« und stellte sich vor. Ihren Nachnamen vergaß ich sofort, für mich blieb sie Madame Colette. Sie führte mich die Treppe hinauf in den zweiten Stock. Die trübe Deckenlampe im Flur warf spärliches Licht auf eine Kommode, geblümte Tapeten und den rot gefliesten Fußboden. Die einzige Tür öffnete sich quietschend. In dem Zimmer mit Dielenbrettern befanden sich ein einzelnes Bett aus dunklem Holz, ein Tisch, ein Stuhl, ein kleiner Schrank, der einen leichten Geruch nach Lavendel verströmte, eine Nachttischlampe aus Stoff mit herunterhängenden Fransen. Kein Fernseher, kein Radio. Das sich anschließende Badezimmer wartete immerhin mit der Errungenschaft fließenden Wassers und einer im Raum stehenden Badewanne mit Löwenfüßen auf. Ich war im 19. Jahrhundert gelandet.

Warmes Wasser brauche ein wenig bis hier oben, aber irgendwann fließe es aus dem Hahn, außerdem sei die Elektrik nicht ganz zuverlässig, warnte Madame Colette, ich solle lieber keinen Föhn benutzen. Sie gebe mir im Bedarfsfall gern die Adresse ihres Friseurs. Dann händigte sie mir einen Schlüssel aus und sagte, das Haus gehöre mir, sie erscheine morgens, um mir Frühstück zu machen. Wie? Sie wohne nicht hier? Nein, nein. Und die anderen Gäste? Keine, ich sei der einzige Gast. Wenn Probleme auftauchten, sie wohne nicht weit, nur um die Ecke. Dabei verwies sie auf ein handgeschriebenes Zettelchen auf dem Nachttisch. Das reizende Lächeln der Gastgeberin besänftigte meine leichte Unruhe nicht ganz. »Sie werden gut schlafen«, prophezeite Madame Colette und verabschiedete sich. Ob sie ein Restaurant empfehlen könne, rief ich ihr nach. »Central oder Les Mouettes«, erwiderte sie, sich auf dem Treppenabsatz umdrehend. Die roten Haare leuchteten im Halbdunkel des Flurs. Dann war die sorglose Hotelbesitzerin verschwunden.

Ich erinnerte mich an ein Foto von Marguerite Duras in

der Brasserie Central. Sie ist darauf mit einer Jacke oder einem Mantel in auffälligem Rot bekleidet und trägt eine große, fast viereckige Brille. Angeblich nahm sie dort regelmäßig und an einem bestimmten Tisch ihre Mahlzeiten ein. Getrieben vom Hunger, ließ ich alles stehen und liegen und begab mich ins Central, wo die Zeit zum Mittagessen schon vorbei war und die des Abendessens noch nicht begonnen hatte. Aber man servierte mir eine normannische Fischsuppe mit Croutons und einer knoblauchhaltigen cremigen Rouille. In den folgenden Jahren sollte ich noch oft in den Genuss dieser regionalen Spezialität kommen, aber so umwerfend wie bei diesem ersten Mal empfand ich den Geschmack nie wieder. Meine Liebe zur Normandie begann mit einer Fischsuppe und mit Madame Colettes Märchenschloss. Denn als ich am späten Nachmittag, vom Essen zurückgekehrt, die Tür öffnete, hatte sich das Hotel schon in »mein« Haus verwandelt. Und als ich auf dem Bett lag und beobachtete, wie vor dem offenen Fenster kreischende Möwen und sirrende Schwalben vor dem Hintergrund eines fast dunkelblauen Himmels vorbeizogen, da spürte ich so etwas wie das Glück, am richtigen Ort zu sein.

Während ich das schreibe, wird mir die Einzigartigkeit dessen, was mir damals widerfahren ist, bewusst. Heute würden mit Sicherheit Gesetze und Verordnungen verhindern, dass ein Gast in einem Etablissement beherbergt wird, das nicht den Anforderungen zeitgemäßer sanitärer Anlagen oder moderner Stromversorgung genügt, keine Rezeption besitzt und nicht mit modernen Medien ausgestattet ist. Und dazu noch allein gelassen wird. Vielleicht galten die Gesetze auch damals schon, und Madame Colette hat sich zu meinem Glück darüber hinweggesetzt. Im Jahr darauf, als ich mich schon im Hôtel des Roches Noires einquartiert hatte, erfuhr ich, dass ich ihr letzter Gast gewesen war. Kurz nach meinem Aufenthalt hat sie das Hotel verkauft, an eine Normannin mit Tochter und Golden Retriever, die nach einer Komplettrenovierung daraus ein charmantes *chambre d'hôtes*, eine Pension mit zwei Gästezimmern, entstehen ließ. Und die bis heute zu meinen Freundinnen zählt. Aber das ist eine Geschichte, die an späterer Stelle erzählt wird.

Madame Colettes Prophezeiung, meinen Schlaf betreffend, erfüllte sich. In dieser Woche schlief ich jede Nacht unergründlich tief. Am Morgen erwachte ich mit dem Gefühl, geträumt zu haben, erinnerte mich aber nie an einen bestimmten Traum. Mir war, als hätte ich mich in einem Meer, einem Ozean von unendlicher Weite und Tiefe, aufgehalten, als sei ich zum Wasserwesen geworden wie Fisch oder Krake. Wenn ich morgens aus meinem nächtlichen Traummeer emporstieg, wartete Madame Colettes Frühstück auf mich. Auf ihrem Weg ins Hotel hatte sie in der viel gerühmten Pâtisserie Charlotte Croissants besorgt, dazu servierte sie gesalzene Butter, selbst gekochte Aprikosenmarmelade, Apfelgelee und einen French Breakfast Tea, der nach Malz und Schokolade schmeckte. Das und vieles andere bei diesem ersten Aufenthalt trugen zu dem Wunsch bei, in Trouville heimisch zu werden. Mich zog nicht die Aussicht auf sommerliches Badeleben an, das im Allgemeinen die Attraktivität normannischer Seebäder ausmacht. Mich lockten weder der Deauviller Boutiquen-Luxus noch Pferderennen noch Spielcasino. Nein, der Ort versetzte mich in eine traumgleiche Atmosphäre, in der sich Tradition und Geschichte, Wirklichkeit und Fantasie, Vergangenheit und Gegenwart vermischten mit etwas, was mich betraf, was ich aber noch nicht benennen konnte. Ich hatte das Gefühl, als würde ich, von einer Welle getragen, an einen Ort gelangen, den ich nicht kannte, der aber mein Leben nachhaltig verändern sollte.

Auf der Suche nach Marcel Proust

Auf der Suche nach Spuren dessen, den ich als Verursacher meiner Normandie-Reise ansah, fuhr ich in jenem Mai zum ersten Mal nach Cabourg, und zwar mit dem Bus. Die Bahnlinie von Trouville nach Cabourg, Ende des 19. Jahrhunderts für Schmalspurbahn erbaut, hat eine wechselvolle Geschichte hinter sich und wurde bei den Befreiungskämpfen Ende des Zweiten Weltkriegs komplett zerstört. Die Strecke wurde nach dem Krieg zwar rekonstruiert, die Züge aber, wie überall, irgendwann durch Busse ersetzt. In jenem Jahr 2001 war die Ankündigung zu lesen, dass ab dem Sommer wieder Züge zwischen den beiden Badeorten verkehren sollten. Millionen wurden investiert, um nach und nach die kleinen Bahnhöfe zu renovieren, 2010 wurde der von Cabourg/Dives fertiggestellt. Neuerdings hört man Klagen, weil die Eisenbahngesellschaft SNCF den Zugverkehr während des ganzen Winters eingestellt hat. Eine Bahnlinie nur für Sommertouristen, nicht motorisierte Einwohner hätten das Nachsehen, hieß es in der Presse. Doch wer weiß, vielleicht macht die SNCF angesichts der aktuell diskutierten Klimamaßnahmen die getroffenen Entscheidungen wieder rückgängig.

Der Badeort Cabourg ist in den 1850er-Jahren auf dem Zeichenbrett entstanden. Strahlenförmig führen alle Straßen auf den Mittel- und Endpunkt des Ortes zu: das Grand Hôtel mit dem Casino, vom Meer nur durch eine Art Mole, einen befestigten Deich, getrennt. Verlaufen kann man sich nicht.

Der Bus hielt jenseits des Flüsschens Dives. Die Hauptstraße, von einer kräftigen Sonne beschienen, lag am späten Vormittag wie ausgestorben da. Außer einigen hübschen Stadtvillen schien der Badeort nicht viel zu bieten zu haben. In einem Papier- und Zeitschriftenladen kaufte ich alte Postkarten, Aufnahmen »aus der Zeit Marcel Prousts«. Spaziergänger mit Sonnenschirmen auf der Mole waren darauf zu sehen, die schnurgerade Hauptstraße, Automobile vor dem Grand Hôtel und das Badeleben am Strand, züchtig gewandete Herrschaften, Damen in bodenlangen Kleidern, Herren in Ganzkörper-Schwimmanzügen. Mein Herz schlug schneller, als das Ziel meiner Wünsche auftauchte. Umriss und Fassade fand ich im Vergleich zum gerade erstandenen Foto kaum verändert. Ich zögerte, das Hotel zu betreten, ein bisschen aus Scheu, weil ich mich nur umsehen und nicht nach einem Zimmer fragen wollte. Also ging ich erst einmal um das Casino herum auf die Mole. Vor mir lag das Meer, so blau wie der Himmel, mit dem es am Horizont verschmolz. Die Flut ließ vom Strand nur einen schmalen Streifen frei, auf dem sanft plätschernd die Wellen anlandeten. Die normannische Küste glich an diesem Tag der Côte d'Azur.

Fast ehrfürchtig betrat ich die Hotelhalle. Rechter Hand die Rezeption und eine in die oberen Etagen führende Treppe, im Hintergrund ein Flügel, umgeben von Sesseln und Tischen, und ein Portal, das zum Strand führte. Von Gästen keine Spur. Ich sei wegen Marcel Proust hier, sagte ich zu dem Herrn an der Rezeption. Ob ich mich umsehen dürfe, vielleicht auch in dem Zimmer, das der Verehrte hier bewohnt habe. Entgegen meiner Erwartung zeigte sich der Concierge verständnisvoll, ja, geradezu erfreut, dass ich eigens wegen dieses einzigartigen Schriftstellers den langen Weg auf mich genommen hätte. Empfangsräume und Restaurant könne ich mir gern ansehen, das Proust-Zimmer leider nicht, es sei vermietet. Die Enttäuschung hatte noch nicht ganz von mir Besitz ergriffen, da öffnete sich die Fahrstuhltür, und heraus trat zu meiner Verblüffung ein korpulenter Marcel Proust. Die schwarzen Haare exakt links gescheitelt, ein Oberlippenbart, dreiteiliger dunkler Anzug mit Weste, viel zu warm für die sonnigen Tage, statt Krawatte oder Fliege ein zu einer Schleife gebundenes Bändchen, im Knopfloch des Jacketts eine Blüte, eine Orchidee. Um zu beurteilen, ob es eine Cattleya war, reichte mein botanisches Wissen nicht aus. Am erstaunlichsten zeigte sich die Ähnlichkeit an den umschatteten Augen und halb geschlossenen Lidern. Der einzige Unterschied bestand in der Körperfülle des Doppelgängers. Ich glaube, ich starrte den aus der Zeit gefallenen, dandyhaft wirkenden Hotelgast ungebührlich lange an. Der Concierge unterbrach die peinliche Stille und wandte sich an den Herrn, der, als hätte ich ihn mit meinem Blick hypnotisiert, stehen geblieben war: »Monsieur, diese Dame sucht dasselbe wie Sie.« »Das glaube ich kaum«, erwiderte der Gast. Die Worte lösten meine Erstarrung, ich wertete sie als Zeichen der Abwehr, als Antwort auf die unzumutbare Indiskretion des Concierge, ihn angesprochen zu haben. »Entschuldigen Sie«, murmelte ich betreten.

Aber anstatt die Chance zu ergreifen, sich ohne einen Kommentar zu entfernen, machte er einen Schritt auf mich zu und lächelte. »Ich muss mich entschuldigen«, sagte er und nannte einen Namen, von dem ich nur »Igor« verstand. In sein Französisch mischte sich ein slawischer Akzent, und »Igor« erschien mir russisch. Ich erklärte mein Anliegen und stellte mich nun ebenfalls vor. Aha, auf der Suche nach der *Suche*. Ob ich mit ihm speisen wolle, hier im Restaurant Balbec, er habe etwas gutzumachen und würde mich gern einladen, schließlich verhindere seine Anwesenheit die Erfüllung meines Wunsches.

Im Restaurant waren zur Mittagszeit nur zwei Tische belegt. Der Kellner gab uns den gewünschten Platz am Fenster. Igor, ich nenne ihn jetzt so, bestellte Langustinen und Seezunge für uns beide, natürlich Seezunge, wie könnte es anders sein, dazu eine Flasche Sancerre. Mir gingen alle möglichen Fragen durch den Kopf, ich wagte nicht, sie zu stellen. Aber Igor fing auch ohne meine Initiative an zu reden. Er war Russe, aus Moskau, wohnte aber in Paris. Sein Vater sei reich, sehr reich – Oligarch, Gas, murmelte er – und hatte ihm, dem Sohn, eine Wohnung im 8. Arrondissement gekauft.

»Besser für meinen Vater und besser für mich, wenn ich nicht in Moskau bin.«

Er machte eine Pause. Mein fragender Blick nötigte ihn zu einer Erklärung. Seine Neigung sei in Russland unerwünscht. Es könnte dem Vater schaden. Ich begann zu verstehen. Igor war homosexuell, daher seine Bemerkung an der Rezeption, daher seine Flucht aus Russland, daher seine Beschäftigung mit Proust. Ich nickte zum Zeichen, dass ich begriffen hatte. Ja, sagte er, an Marcel – er gebrauchte den Namen, als spreche er von einem Freund – interessiere ihn die Kunst des Kaschierens, wie der dieses anbetungswürdige Werk habe erschaffen können, in dem es eigentlich nur um seine Neigungen gehe, ohne sie jemals direkt zu erwähnen. Zwei Stunden lang waren wir im Gespräch vertieft. Das Wort »Homosexualität« fiel nicht ein einziges Mal. Igor sprach von *disposition* oder *préférence*, und ich schloss mich ihm an. Leider sei heute der Sinn für Extravaganz verloren gegangen, beklagte er, selbst in Paris, der Stadt der unbegrenzten Möglichkeiten, sei es schwierig, Gleichgesinnte zu finden, die eine Kultur der Salons und der geistreichen Unterhaltung pflegten. Er hätte lieber im 19. Jahrhundert gelebt als in diesem nüchternen, leidenschaftslosen späten 20., das sich im 21. ebenso fortsetze, wenn nicht gar eine zunehmende Verrohung zu befürchten sei.

»Aber so viele Kriege, so viel Zerstörung«, wandte ich ein, »die Napoleonischen, der Deutsch-Französische …« »Das war Ihrer«, konterte er. »Ja, und Sie waren, soweit ich weiß, mit dem Osmanischen Reich und der Krim beschäftigt, dann der Erste Weltkrieg, der noch verheerendere Zweite Weltkrieg. Hätten Sie das alles erleben wollen?«

»Wahrscheinlich nicht«, gab er zu, »trotzdem erlaube ich mir, dem Verschwinden der Eleganz und der Poesie nachzuweinen.«

»Die immer ein Privileg der Begüterten waren.«

»Selbstverständlich, Madame, so ist die Welt. Wer hungert, kann kaum Sinn für Schönheit entwickeln.«

Während der Unterhaltung hatten wir gebratene Langustinen an Kräuterbutter, gegrillte Seezunge, Sauce Béarnaise und Pommes Dauphine verspeist. Nach Dessert und Kaffee – Igor gestand eine Schwäche für Süßes und orderte zum Espresso einen Teller mit Pralinés und Trüffeln aus dem Maison du Chocolat in Paris, seinem Lieblingschocolatier – wusste ich von ihm viel, er von mir wenig.

Ich dankte ihm und streckte ihm die Hand zum Abschied hin. Statt sie zu ergreifen, fragte er: »Haben Sie sich schon die kleine romanische Kirche in Dives-sur-Mer angesehen, Sie wissen, die …« Ich wusste, welche er meinte, Proust erwähnt sie in der *Recherche*.

»Nein.«

»Die müssen Sie sehen.«

Er bat den Concierge, ein Taxi zu rufen. Und zehn Minuten später rollte der Wagen mit dem ungleichen Paar im Fond die Hauptstraße von Cabourg entlang stadtauswärts. Kaum zehn Minuten dauerte die Fahrt nach Dives, das, obwohl »sur mer« genannt, gar nicht am Meer liegt, sondern an einem kleinen geschützten Binnenhafen, der sich zu dem in den Ärmelkanal mündenden Flüsschen Dives öffnet. Hier brach 1066 Wilhelm der Eroberer zu seiner bedeutenden Schlacht nach England auf, die er mit Glanz und Gloria gewann und die ihn zum König von England machte. Davon wird später zu berichten sein.

Vor der Kirche Notre-Dame wies Igor den Taxifahrer an, zu warten. Im 11. Jahrhundert begonnen, im 14. erweitert, ist die Kirche ein Schmuckstück der Baukunst im Übergang von Romanik zu Gotik. Besser: Hätte sie sein können, denn das Gebäude, vor dem wir standen, befand sich in einem beklagenswerten Zustand – schiefe Mauern, das Dach mit Moos bedeckt, abgebrochene Turmspitzen, zerschlagene Fenster, fehlende Steine. Die Tür war verschlossen. Warten Sie, sagte Igor, ich hole den Schlüssel.

»Den Schlüssel? Woher?«

Ohne zu antworten, überquerte der offenbar Ortskundige die Straße und verschwand hinter dem Tabakladen an der Ecke. Ich nutzte die Wartezeit, um mir das verzierte Portal und die dämonischen Wasserspeier anzusehen. Tatsächlich hielt Igor einen Schlüssel in der Hand, als er, ein wenig derangiert und außer Atem von der ungewohnten Bewegung, wiederauftauchte.

»Der Pfarrer kennt mich, ich komme öfter hierher«, erklärte er und öffnete die linke der beiden Holztüren.

Tauben flatterten auf, als wir das Kirchenschiff betraten. Durch die Löcher im Fensterglas fielen nachmittäglich schräge

Sonnenstrahlen ein, die die Staubkörnchen, die sie erfassten, in einen wilden Tanz versetzten. Die Magie des Ortes nahm mich sofort gefangen. Das Verfallene, Unvollkommene trug dazu bei.

»Spüren Sie die Poesie?«, flüsterte Igor.

Ich nickte stumm und setzte mich auf einen der wackligen Holzstühle. In den wenigsten christlichen Kirchen überfällt mich so etwas wie Andacht, ein Gefühl, das ich eher mit buddhistischen japanischen Tempeln verbinde, mit leeren Räumen und Stein- und Moosgärten. Aber in dieser kleinen schutzbedürftigen Kirche Notre-Dame stellte sich ein, was Igor als »Poesie« bezeichnete und ich »Versunkenheit« nenne. Der Verstand zieht sich zurück und überlässt das Feld einem Bewusstseinszustand, in dem nur das Jetzt zählt.

Für mein Empfinden blieben wir ziemlich lange sitzen, ohne ein Wort zu sagen. Bis ich irgendwann flüsterte: »Taxi«, und Igor abwinkte: »Kann warten.« Aber der Zauber war gebrochen. Die Gedanken kehrten zurück und mit ihnen das Interesse am Bauwerk. Ich sah mir die in die Mauern eingeritzten Seefahrer-Symbole an, Schiffe und Meeresungeheuer, wahrscheinlich von Gläubigen hinterlassen, um damit die Mächte des Himmels zu besänftigen und um die Heimkehr ihrer Angehörigen zu bitten, die auf See Wind und Wellen ausgesetzt waren. Über dem Eingangsportal waren die Namen der tapferen Vasallen zu lesen, die Wilhelm den Eroberer auf seiner Überfahrt nach England zur entscheidenden Schlacht begleiteten. Ein freundlicher Historiker hat sie im 19. Jahrhundert eingravieren lassen. Als wir die Kirche verließen, war die Sonne hinter den umliegenden Häusern verschwunden.

»Das arme kleine Kirchlein braucht Unterstützung«, sagte Igor, »man kann es nicht in diesem Zustand lassen.« Er habe seinen Vater gebeten zu spenden, anonym natürlich. Aber der Vater sei eigensinnig, manchmal freigebig, manchmal zugeknöpft.

An Igors Worte musste ich denken, als ich 2012 erfuhr, dass mit einer Restaurierung der Kirche begonnen wurde. Hatte Igor beharrlich zehn Jahre lang auf seinen Vater, den Gas-Oligarchen, eingewirkt, um ihn von der Notwendigkeit einer stillen Gabe zu überzeugen? Oder hatte der Sohn inzwischen das Imperium geerbt und den ihm zugeflossenen Reichtum für sinnvolle Zwecke eingesetzt? Oder waren beide ganz unbeteiligt an der Finanzierung der Restaurierungsarbeiten, hatten Stadt, Land und Kirche die erforderlichen Gelder aufgebracht? Meine Spekulationen führten ins Leere.

Igor musste den Taxifahrer vorab angemessen entlohnt haben, denn der Wagen wartete an der Stelle, an der wir ausgestiegen waren. Es war mehr als eine Stunde vergangen. Mein Begleiter weigerte sich, mich an der nächsten Busstation abzusetzen. Ehrensache, dass er mich nach Trouville bringen würde, für heute sei ich in seiner Obhut.

Zwanzig Kilometer, und für ihn auch noch die Rückfahrt, alles mit dem Taxi?

»Keine Sorge«, sagte er, als hätte er meine Gedanken erraten. Er sei ausschließlich mit motorisierten Droschken unterwegs, egal wohin, er selbst sei des Fahrens unkundig.

Er sei … von Paris mit dem Taxi in die Normandie gereist? Ungläubig starrte ich ihn an.

»Ja, natürlich.« Er habe überlegt, einen Chauffeur in seine Dienste zu nehmen, wie unser verehrter Marcel, aber einen Agostinelli habe er noch nicht gefunden. Und dann müsse er wohl auch ein Gefährt anschaffen, nein, nein.

Die Taxifahrt endete vor meinem Schloss. Meine Gesellschaft sei ihm angenehm gewesen, betonte Igor und reichte mir eine Visitenkarte. Ich solle Gebrauch davon machen, wenn mich mein Weg nach Paris führe. Mit einem Äquivalent konnte ich nicht dienen, gab ihm stattdessen die Hand und stieg aus. Einen Moment noch blieb ich auf der Straße stehen, um das Taxi sich entfernen zu sehen. Dann ging ich hinein. In meinem Zimmer wollte ich Igors Visitenkarte aus meiner Jackentasche ziehen, in die ich sie gesteckt zu haben glaubte. Nichts, auch in der anderen nicht. Ich kramte in meiner Tasche, fasste in die Hosentasche, suchte den Fußboden ab. Ich lief die Treppe hinunter, die Augen auf den Boden gerichtet, durch den Empfangsraum bis auf die Straße, wo wir uns verabschiedet hatten. Die Karte blieb auf eigenartige Weise verschwunden. Ich habe nie erfahren, wem ich die unvergesslichen Erlebnisse dieses Tages zu verdanken hatte. Das Unergründliche verlieh ihnen eine geheimnisvolle Aura.

Später, wenn ich in Paris gelegentlich durchs 8. Arrondissement schlenderte, fiel mir Igor wieder ein. Ich betrachtete die Gesichter der Passanten genauer als üblich, in der Hoffnung, er würde mir zufällig über den Weg laufen. Aber ich habe Igor nie wiedergesehen.

Das Grand Hôtel in Cabourg besuchte ich noch einige Male. Auch das Allerheiligste durfte ich betreten, mit Erlaubnis des damaligen Bürgermeisters, Monsieur Henriet, der mir, die ich auf Recherche für einen literarischen Reiseführer war, nicht nur alle Türen, sondern auch die Luke zum Hoteldach öffnete. Der Bürgermeister und Vorsitzende der Proust-Gesellschaft sorgte dafür, dass das Hotel den Charakter der Belle Époque trotz behutsamer Renovierungen nicht verlor. Ob es tatsächlich das Zimmer 414 war, in dem die *Recherche* geschrieben wurde, sei allerdings nicht mit letzter Sicherheit zu behaupten, sagte

Monsieur Henriet. Aber die Wahrscheinlichkeit sei groß, denn Proust habe gleich drei angrenzende Zimmer im vierten Stock gemietet, um sich vor Lärm zu schützen.

Im Lauf der Zeit bin ich mehrmals mit Freunden, die mich in Trouville besucht haben, nach Cabourg gefahren und habe den Wandel verfolgt, dem das Grand Hôtel unterlag. Zunehmend unfreundlicher und abweisender wurde dem Ansinnen, sich umzusehen, stattgegeben. Bis die neuen Concierges, offenbar mit Instruktionen versehen, unliebsame Eindringlinge abzuwehren, nur noch das Restaurant und nur für den Fall, dass man speisen wolle, in Aussicht stellten. Einer zuckte mit den Schultern und stellte sich taub. Wer kein Zimmer mietete, so die Botschaft, hatte im Grand Hôtel nichts zu suchen.

Heute gehört das Grand Hôtel Cabourg zum französischen Unternehmen Accor, einer der größten Hotelketten weltweit. Es ist eingereiht in die Sparte der Fünf-Sterne-Luxushotels, bietet mehrere Tagungsräume an und serviert Cocktails, die »einen echten Einblick in Prousts Welt versprechen«. Würde man der Accor-Werbung Glauben schenken, dann hätte Proust seine Inspiration zum Schreiben dem »prunkvollen Hotel, dem poetischen Zimmer und dem ständigen Flanieren am Meer« zu verdanken. Wenn bekannt würde, dass er die meiste Zeit krank, miesepetrig und schreibend im Bett verbrachte, könnten Gäste abgeschreckt werden, die eine Zeitreise in die als lebens- und sinnenfroh angesehene Belle Époque erleben möchten. Marcel Proust ist nur noch ein Name, der zu Werbezwecken genutzt wird.

Hôtel des Roches Noires

Um das Hôtel des Roches Noires schlich ich bei meinem ersten Aufenthalt herum wie eine hungrige Katze auf der Suche nach etwas Essbarem. Die Marguerite-Duras-Treppe an der Außenseite des Hotels lief ich auf und ab, den Blick auf den Balkon im ersten Stock gerichtet, der zur Wohnung der Schriftstellerin gehört. Ich setzte mich in den Sand, den Rücken an die von der Sonne erwärmte Mauer gelehnt, die kleine weiße Pforte im Auge, durch die die Bewohner direkten Zugang zum Strand haben. Aber es wollte niemand an den Strand, nie sah ich jemanden hinein- oder hinausgehen. Das ehemalige Hotel, dessen Zimmer in den 1960er-Jahren parzelliert und als Eigentumswohnungen verkauft wurden, machte den Eindruck einer uneinnehmbaren Festung. Gut erhalten, aber nicht herausgeputzt, ockerfarben mit weißen Fensterläden, liegt es da wie ein gestrandeter Ozeandampfer, mit einem kleineren Nebengebäude, den Roches Normandes, an seiner Seite.

Mir kamen das Haus, der Garten, die Pforte, der Strand so bekannt vor, als sei ich schon einmal hier gewesen. Aber an was ich mich erinnerte, waren Bilder aus Marguerite Duras' Film *Die Frau vom Ganges*, die all die Jahre in mir geruht hatten und nun, lebendig und unverändert, hervortraten und mir vorgaukelten, es seien meine eigenen Sinneseindrücke gewesen. Wie sehr traut man der Erinnerung? Am besten gar nicht, wenn es um den Wirklichkeitsgehalt geht. Vollkommen dagegen unter der Voraussetzung, dass Fantasie und Vorstellung einen genauso intensiven Eindruck im Gedächtnis hinterlassen können wie Erlebtes.

Jedenfalls ließ mich der Wunsch, in den Roches Noires zu wohnen, heimisch zu werden, nicht mehr los. Ich glaubte, irgendein Geist der Inspiration würde dort durch die Korridore wehen und die Kreativität derjenigen, die ihn herbeirufen, günstig beeinflussen. Vielleicht gehörte die Außenmauer des Gebäudes zum Wirkungskreis des guten Geistes, oder er war gerade zum Luftschnappen am Strand gewesen und fand mich, eine Bedürftige, bei seiner Rückkehr vor. Wie sonst wäre es zu erklären, dass genau dort, den Rücken an die Mauer gelehnt, die Hände auf die rauen Steine gelegt, in mir eine Idee entstand. Ich würde einen literarischen Reiseführer über die Normandie schreiben, wozu umfangreiche Recherchen vor Ort notwendig wären. Als Standort sollte das Hôtel des Roches Noires dienen. Mein Wunsch, die Festung zu erobern, wuchs. Ich wollte dort hinein. Aber wie? Alle Eingangstüren, auch das große Tor, waren mit Codeanlagen versehen, und ich hatte keinen Gewährsmann, der mir hätte Einlass verschaffen können. Auch der Genius Loci schien sein Tagwerk beendet und sich in die inneren Gefilde seines Wirkungskreises zurückgezogen zu haben.

Zwei Tage lief ich rat- und erfolglos herum, bis sich am dritten eine Gelegenheit ergab. Ich beobachtete, wie eine Person, ein Mann im Overall, der Gärtner vielleicht, sich an den Blumenbeeten zu schaffen machte. Als er kurz darauf einem Lieferwagen das Tor zum Grundstück öffnete, schlüpfte ich hinein und sprach ihn an. Ob jemand eine Wohnung vermieten würde, fragte ich, für drei oder vier Wochen im Sommer. Es war der Concierge, wie ich erfuhr, und der legte seine Stirn in Falten und dachte nach. Für vier Wochen, das sei lang. Ich würde einen Ort zum Schreiben suchen. Hm, ja, vielleicht … Er würde fragen, ich solle ihn am Nachmittag anrufen. Kommen Sie mit in die Portierloge. So betrat ich, im Schlepptau des Concierge, zum ersten Mal die Eingangshalle, die ich aus den Duras-Filmen kannte. Genau so hatte ich sie in Erinnerung: die Säulen, der geflieste Fußboden, die ockerfarbenen Cocktail-Sessel, die großen Bogenfenster zur Strandseite hin. Langsam schreitend, als sei nur diese Art der Fortbewegung dem Ort angemessen, näherte ich mich dem Fenster und sah auf den leeren Strand hinaus. Da stand ich und konnte nicht glauben, dass ich es war. Dieses Gefühl, etwas Wirkliches und Unwirkliches zugleich zu erleben, hatte ich nie vorher gehabt. Der freundliche Concierge führte mich zurück zu seiner Loge, in der Hunderte von Schlüsseln an einem Holzregal hingen. Er schrieb mir seine Telefonnummer auf, verwies, als er meinen umherschweifenden Blick sah, darauf, dass die Halle unter Denkmalschutz stehe, und entließ mich mit den Worten, die kleine Gartenpforte zum Strand sei offen. Seine Bemühungen hatten Erfolg. Am Nachmittag lernte ich Hélène kennen, eine Fotografin aus Paris, die neben ihrer eigenen Wohnung noch ein kleines Studio ohne Meerblick besaß, ein Zimmer mit Bad und Kochstelle im Wandschrank, Fenster zum Parkplatz und zur Straße. Eigentlich vermiete sie nicht. Ich weiß nicht, ob der Geist wieder seine Hand im Spiel hatte oder ob meine Begeisterung für das zauberhafte Studio den Ausschlag gab, jedenfalls wurden wir uns einig, dass ich den ganzen Juli hier verbringen würde. Nach einer Anzahlung erhielt ich den Code für Tor und Tür und konnte mein Glück kaum fassen.

Das war mein Entrée ins Hôtel des Roches Noires, wo ich

in den kommenden Jahren nicht nur die Sommer verbrachte. Immer wenn es mir möglich war, Baden-Baden zu verlassen, egal zu welcher Jahreszeit, packte ich Koffer und Laptop in mein Auto und nahm die bald schon bekannte Route vorbei an Metz, Reims, Laon, Amiens und Rouen bis Le Havre. Mit den Jahren machte ich an immer denselben Raststätten halt, weil bis dahin meine Aufmerksamkeit reichte und der Hunger aushaltbar war. Eine Pause, die Beine vertreten, meinen Proviant verzehren. Eine halbe Stunde, nicht länger, dann weiter, durch Lothringen, die Picardie, die Normandie. Sanfte Hügel und Fachwerkhäuser, Bauernhöfe und Felder säumen die Autobahn, wenn man Rouen nördlich passiert hat und die Ausläufer des Seine-Naturparks streift. Wenn ich den Pont de Normandie, die beeindruckende Schrägseilbrücke über die Seine-Mündung, erreichte, wusste ich, es war geschafft. Nur noch durch Honfleur, das Hafenstädtchen, dann die Küstenstraße entlang, am Ortseingang von Trouville rechts abgebogen – und da sah ich es schon liegen, das Hôtel des Roches Noires, den gestrandeten Ozeandampfer. Das Studio wurde nur an mich und eine Freundin der Besitzerin vermietet, die es ausschließlich im August bewohnte. Es war ein wunderbares Gefühl, es jederzeit nutzen zu können, eine Mail genügte.

Mit der Zeit wuchs der Berg an Dingen, die ich in Hélènes Bodenkammer lagerte, was mir erlaubte, mit leichterem Gepäck zu reisen. Gummistiefel, eine Regenjacke, Bücher, Schreibutensilien, sogar eine Zahnbürste warteten dort auf meine Wiederkehr. Nach zwei Jahren schaffte ich mir ein Fahrrad an, das seinen Platz im Keller des Nebengebäudes fand und von Hélènes Lebensgefährten, einem passionierten Cyclisten, betreut wurde. Der Radius meiner Radtouren blieb allerdings gering. Die engen Straßen ohne Radwege, die unvorsichtigen

Autofahrer und die nicht zu unterschätzenden Steigungen an der Küste hielten mich von größeren Ausflügen ab. Es blieb bei Fahrten zum Wochenmarkt, zum Schwimmbad und zur Pferderennbahn in Deauville, wo ich, eine ausgesprochene Dilettantin in Sachen Pferde, einmal sechzig Euro beim Wetten gewann, zum Bioladen in Touques oder zu den Herrenhäusern in Tourgéville.

Der Concierge legte mir *Le Monde* oder den *Figaro* vor die Tür, wenn die Abonnenten ihre Zeitung nicht abgeholt hatten. Dafür brachte ich ihm gelegentlich frische Milch mit vom Bauernhof in Villerville, wo es jeden Abend das am Tage geerntete Gemüse im Hofladen zu kaufen gab. Ich lernte nach und nach viele der Bewohner kennen, man traf sich in der Halle, im Garten, auf dem Parkplatz und redete über das Wetter, den Stromausfall, die Bauarbeiten, die in dem unter Denkmalschutz stehenden Gebäude nur schleppend vorankamen. Das Dach musste neu gedeckt, Treppen- und Flurdielen mussten abgeschliffen und versiegelt, Abflussrohre erneuert werden. Alle Bewohner klagten über die horrenden Kosten, die die Renovierungen verschlangen. Man liebt es eben, das alte Haus, sagten sie dann seufzend, vor vierzig Jahren haben wir die Wohnung gekauft, unsere Kinder sind hier groß geworden und werden sie einmal erben. Aber nicht alle liebten ihre Appartements genügend, um die finanzielle Last auf sich zu nehmen. Sie verkauften zu unvorstellbaren Preisen. Immobilien in Trouville, ja, an der ganzen Kanalküste waren begehrt und teuer. Russen und Chinesen gehörten zu den Käufern, und in das Hôtel des Roches Noires zogen als erste Nicht-Franzosen Schweizer ein. Ich war mit meinem Status als Mieterin im Großen und Ganzen zufrieden. Auch wenn sich gelegentlich der Wunsch breitmachte, das Studio, mein Studio, zu besitzen.

Dann würde ich wirklich dazugehören, stellte ich mir vor, und mitbestimmen können auf den Eigentümerversammlungen. Nach so einem Schub Begehrlichkeit rief ich mich wieder zur Vernunft. Das Studio stand mir immer zur Verfügung, und ich hatte die hohen Nebenkosten nicht zu tragen, besser konnte man es nicht treffen.

In meinem ersten Sommer erkundete ich jeden Winkel des Gebäudes. Ich lief die langen Flure mit den rot gemusterten, verblichenen Teppichen auf dem Holzboden auf und ab und verharrte vor den Appartements Nummer 105 (Marguerite Duras) und 111 (angeblich Marcel Proust).

Als Dreiundzwanzigjähriger verbrachte Proust hier Ferientage mit der Mutter und schrieb an Reynaldo Hahn, in den er gerade heftig verliebt war, er solle sich zu ihm nach Trouville begeben. Ich habe nicht herausgefunden, ob der Geliebte tatsächlich dort aufkreuzte und mit Marcel gemeinsam die beschworenen »klaren Mondnächte« genießen konnte. Wie wäre das gewesen, mit der Mutter im Zimmer nebenan? Ohne Furcht vor Entdeckung? Wusste die Mutter um die Neigung ihres Sohnes und hat sie gebilligt?

Der Geist des Ortes, der es wissen muss, schwieg und überließ es meiner Fantasie, mir die Begegnung auszumalen.

Haben die drei im Hotelrestaurant gespeist? Marcel hat seine Mutter bis zu ihrer Tür begleitet, ihr eine gute Nacht gewünscht und sich nach nebenan begeben. Dort steht er im Dunkeln am Fenster, die Sterne spiegeln sich im Wasser, Himmel und Meer verschmelzen zu einem unendlichen Universum. Er spürt jene angenehme Erregung, die der baldigen Wunscherfüllung vorausgeht. Reynaldos Zimmer liegt im zweiten Stock. Im Jahr 1894 ist das Hotel noch nicht mit Elektrizität ausgestattet. Der junge aufstrebende Komponist schleicht sich mit einer brennenden Kerze in der Hand die Treppe hinunter, den Flur entlang. Vielleicht begegnen ihm auf dem Weg weitere Kerzen, flackernde Lichter in der Dunkelheit, deren Träger auf der Suche nach fremden Räumen sind, in denen ein Vertrauter, eine Vertraute auf sie wartet. Man hält die Lichtquelle seitwärts, um nicht erkannt zu werden.

Ich stellte mir diese nächtlichen Irrlichter vor, während ich mit dem Rücken an die Wand gelehnt auf dem Flurboden saß. Weiter spann ich den Faden der Marcel-Reynaldo-Geschichte nicht, ich wünschte nur, sie hätten sich gefunden.

Das Appartement 105 liegt ganz am Ende des Flurs. Vor dieser Tür stand vor über zwanzig Jahren ein junger Philosophiestudent aus Caen. Er bewunderte die Schriftstellerin, die hier wohnte, hatte ihr über Jahre Briefe geschrieben. Sie lud ihn ein, nun würde er sie persönlich kennenlernen. Viel wurde über die außergewöhnliche Liebesbeziehung von Marguerite Duras und Yann Lemée geschrieben, beide haben sie in aller Offenheit zum Thema ihrer Bücher gemacht, zu Literatur und zum Mythos – und haben nichts ausgespart, weder Duras' Alkoholismus, ihre Einsamkeit, ihre Herrschsucht noch seine Abstürze und Zweifel.

Mich interessierte dieser eine Moment, bevor der junge Mann die Schwelle zur Wohnung übertritt. Zögert er, bevor er klingelt? Was mag er denken und fühlen? Hat er gewünscht, gehofft, gebangt? Hat er sich auf der Busfahrt von Caen nach Trouville die Begegnung ausgemalt? Ahnt er, dass sich sein Leben von Grund auf verändern wird? Ich fragte mich, ob es so etwas wie ein Gespür für schicksalhafte Wendungen gibt, ob man merkt, wenn das Leben die Richtung ändert. Oder verleiht man diesen Augenblicken nur rückwirkend die Bedeutung einer Vorsehung, weil man die Folgen kennt? Und was heißt schon Schicksal? Sind es nicht eher Entscheidungen, die einer trifft? Der junge Mann hätte nach einem anregenden Gespräch mit der Schriftstellerin und drei Glas Wein den letzten Bus nach Caen nehmen können, den Kopf voller Inspirationen, angefeuert, sein Studium zu beenden und ein Buch zu schreiben. So war es nicht. Yann Lemée blieb sechzehn Jahre an der Seite von Marguerite Duras, bis zu ihrem Tod.

Während ich auf dem Flur die Nummer 105 auf der rosa gestrichenen Tür anstarrte, stellte ich mir den Beginn vor.

Festen Schrittes hat der Besucher die Strecke von der Treppe bis zum Appartement zurückgelegt. Es ist Sommer, Juli, er trägt ein leichtes Jackett, in der Hand hält er eine Aktentasche. Warum eine Aktentasche? Ich weiß nicht, er könnte Texte mitgebracht haben, die er geschrieben hat. Jetzt zögert er, verharrt einen Moment – er ist von Natur aus nicht draufgängerisch, eher zurückhaltend. Ist es als Zeichen von Nervosität zu werten, wenn er sich mit der Hand durch die langen braunen Haare fährt, am Jackett zupft? Selbst wenn, er lässt sich nicht beirren. Er ist entschlossen. So entschlossen, wie jemand ist, der einem bewunderten Menschen fünf Jahre lang jeden Tag Briefe schreibt. Geduldig, hartnäckig. Sein Finger drückt den Klingelknopf. Vor ihm steht eine kleine, sechsundsechzigjährige Frau, die ihn hereinbittet. Ich sehe beide im Dunkel des Flurs verschwinden. Die Tür schlägt zu. Die nächsten sechzehn Jahre gehören ihnen.

Mit Bestürzung las ich im Juli 2014 in der Zeitung, dass Yann Lemée in Paris gestorben war, einundsechzigjährig, allein in seiner Wohnung, im Jahr des hundertsten Geburtstags von Marguerite Duras.

Meine Erkundungsgänge im Hôtel des Roches Noires führten mich über eine schmale Treppe ins Dachgeschoss, wo sich früher die Dienstbotenkammern befanden. Selbst diese engen Räume mit Dachschrägen, einem Velux-Fenster und unerträglicher Hitze im Sommer haben Käufer gefunden. In dieser Hinsicht, so meine Beobachtung, sind Franzosen unerschrocken und halten mehr aus als meine Landsleute. Der Genuss, am Meer zu sein, entschädigt sie für manche Unbilden der Unterkunft.

Der Keller war mir unheimlich. Nicht so sehr während des Sommers, wenn alle Bewohner den Fahrstuhl bis ins Souterrain nutzen, um durch die Hintertür zum Strand zu gelangen. Dann herrscht ein reges Kommen und Gehen, es riecht nach feuchter Badekleidung, und der Boden ist mit Sand bedeckt, den die Heimkehrenden an ihren Füßen mitbringen. Im Herbst und im Frühjahr aber hält sich kein Mensch hier auf. Lange verwinkelte Gänge, kleine abgeteilte Räume mit Gerümpel und all den Dingen, die nur im Sommer gebraucht werden, schattige Nischen, in die kein Lichtstrahl dringt – ein geeigneter Ort für einen, der sich verstecken will. Als Kind empfand ich einen Grusel beim Versteckspielen, die Angst, in der nächsten Sekunde entdeckt zu werden. Und ich glaubte, dass in jeder dunklen Ecke jemand saß, der wie ein Springteufel aus der Kiste hervorschnellen würde, wenn man ihn ausfindig machte. Also schwebte man ständig in Gefahr, einen Sich-Verbergenden aufzustöbern, der einen furchtbar erschrecken würde, Schlimmeres wagte ich mir nicht auszumalen. Die Kinderfantasie hat mich nie ganz losgelassen. Halb schaudernd, halb neugierig stromerte ich durch die Kellerräume. Wäre das nicht der ideale Ort für ein Verbrechen? Vielleicht stellte sich während dieser unterirdischen Streifzüge bei mir schon vage der Wunsch ein, einen Kriminalroman zu schreiben. In die Tat umgesetzt habe ich die Idee erst später. Mein zweiter Krimi, *Wintergäste in Trouville*, spielt im Hôtel des Roches Noires. Der Keller wird zum Fundort einer Leiche, die der Mörder in einem Gummischlauchboot abgelegt hat. Die Tote ist eine Journalistin aus Paris, die in ihrem Appartement umgebracht und dann in den Keller geschleppt wird.

Einmal half ich dem Concierge, einen entlaufenen Kater zu finden, der aus einer Wohnung im Mezzanin entwischt war. Wir suchten das Treppenhaus ab, klapperten mit dem Futterbeutel, durchwühlten im Keller alle Ecken und Winkel und entdeckten den dicken Oscar auf einer Strandmatte, vor sich eine Reihe von Mäusekadavern, die er säuberlich nebeneinander angeordnet hatte. Um sich dem Zugriff seines Retters zu entziehen, schlug er seine Krallen in das, was ihm am nächsten lag. Ein Schmiss zog sich längs über die Wange des Concierge. Als wir den Entlaufenen zurückbrachten, bestand Oscars Besitzerin darauf, dass sich der Concierge wegen der Gefahr einer Sepsis in ärztliche Behandlung begab. So kam es, dass ich als Chauffeurin des Verletzten mit der bemerkenswerten Praxis eines Hausarztes Bekanntschaft machte, deren Inventar sich während der letzten hundertfünfzig Jahre einer Erneuerung erfolgreich widersetzt hatte. Als ich später in Gustave Flauberts Geburtshaus in Rouen, das gleichzeitig ein Museum der Geschichte der Medizin im 19. Jahrhundert ist, die Ordinationsräume seines Vaters, des Arztes Achille Cléophas Flaubert, betrachtete, fühlte ich mich an die Praxis in Trouville erinnert. Immerhin konnte einer möglichen Blutvergiftung durch die Katzenkralle mit Antibiotika entgegengewirkt werden. Der Concierge überlebte Oscars Angriff und trug seine Wunde mit Würde.

Auf der Rückfahrt vom Arzt erzählte er mir, dass er auf Madagaskar geboren und bei der Marine gewesen sei, Matrose auf einer Fregatte im Indischen Ozean. Obwohl sie eigentlich hätten abgehärtet sein müssen, hätten viele *mariniers* bei hohem Seegang krank in ihren Kojen gelegen, er nicht. Einmal hätten sie einen Hund an Bord gehabt, der sei auch seekrank geworden, habe gejault und gespuckt. Ein Hund seekrank, sagte er, hätten Sie das gedacht? Nein, hätte ich nicht. Aber ich musste dabei an eine turbulente Überfahrt nach Helgoland in meiner Kindheit denken, hoher Wellengang, und alle Reisenden hingen grün im Gesicht über der Reling. Ich verspürte kein Missbehagen, aber es war schwierig, einen Platz zu finden, wo man vor Seekranken geschützt war. Nicht das schlingernde Schiff, sondern der Anblick der spuckenden Passagiere verursachte mir Übelkeit. Ich bin noch nie seekrank geworden, war aber auch noch nie länger als fünf, sechs Stunden auf einem Schiff. Die Bewegung, mit der sich das Schiff den Wellen anpasst, lässt bei mir ein angenehmes Gefühl der Schläfrigkeit entstehen.

Den Concierge brachte ich nach dem Arztbesuch sicher nach Hause zurück und genoss von da an sein Wohlwollen. Es bringt viele Vorteile, mit einem Concierge auf gutem Fuß zu stehen. Er ist die Schaltzentrale, das Herz der Residenz. Bei ihm laufen alle Fäden zusammen, Neuigkeiten erfährt er zuerst. Er ist Gärtner, Handwerker und Manager in einer Person. Wenn er in Caen oder Le Havre zu tun hatte, nahm er mich mit und schenkte mir zwei, drei Stunden zum Durchstreifen der Stadt.

Ein Haus mit Vergangenheit

Ich will mehr über die Geschichte des Hôtel des Roches Noires wissen, außerdem sehe ich mir gern verschiedene Wohnungen an. Einrichtung und Gestaltung sagen viel über den Besitzer aus, und die Erfahrung lehrt, dass, sobald man Interesse zeigt, die Menschen zu erzählen beginnen. Und ich bin gierig nach ihren Geschichten, die sich in mehr als vierzig Jahren angesammelt haben.

Madame Daillencourt gehört zum Kreis der ersten Eigentümer und gilt als Gedächtnis und Archiv des Hotels. Sie hat die achtzig überschritten und ist fast erblindet. Ich besuche sie in ihrer Dreizimmerwohnung, wo sie sich erstaunlich behände bewegt, von der Küche ins Wohnzimmer mit Kaffee und Madeleines.

»Ich bin nicht völlig blind«, sagt sie, »ich sehe Schatten. Ich lebe in einem Schattenreich.«

Das gelb gemusterte Kleid flattert, die grauen Locken sind frisch frisiert. Die alte Dame überrascht mich mit einer überaus distinguierten Ausdrucksweise und einem Sprachstil, der an den ehemaligen Präsidenten Giscard d'Estaing erinnert. Sie scheint hocherfreut, dass sich jemand für Geschichte interessiert. Auf dem Tisch liegt eine Mappe mit Dokumenten, Kopien, Fotos und Briefen, allem, was sie über das Gebäude zusammengetragen hat. Sie bittet mich, ihr jedes einzelne Blatt zu beschreiben. Ich brauche nicht viel zu sagen, schon nach wenigen Worten weiß sie, worum es sich handelt, als hätte sie die Seiten abfotografiert und im Kopf gespeichert: Lithografien und Zeichnungen aus der Entstehungszeit des Hotels, eine Liste der berühmten Gäste des 19. Jahrhunderts, auf der es von Prinzen, Herzögen und Grafen nur so wimmelt.

Schon früh wurde das Hotel zu einem Spekulationsobjekt. Da wurden Gesellschaften gegründet, es wurde verkauft und gekauft. 1880 gehörte das Hotel einem englischen Bankier, der viel Geld damit machte, aber wenig investierte. Um 1890 galten die hygienischen Verhältnisse als katastrophal veraltet. Die Gäste blieben aus, der Bankier verkaufte an eine Gesellschaft, die von einem Deutschen und einem Österreicher geleitet wurde und bereits Erfahrungen mit Luxushotels besaß. Das Hotel wurde renoviert und um ein Restaurant, eine Bar und einen Lesesaal ergänzt. Als die Stadt Trouville kurz darauf eine Kläranlage baute, war auch das Abwasserproblem gelöst. Das Geschäft mit dem Tourismus lief gut bis 1914. Da begann es für einen Deutschen, einen *boche*, als Hotelbesitzer ungemütlich zu werden. Den Feind wollte man nicht im eigenen Land haben, zumal dieser Monsieur Geissler unter Spionageverdacht stand und beschuldigt wurde, Geld unterschlagen zu haben.

»Trinken Sie Ihren Kaffee und essen Sie eine Madeleine«, unterbricht die alte Dame den historischen Abriss, den sie mir anhand der Abbildungen erläutert, um sogleich den Faden wieder aufzunehmen.

Nach dem Ersten Weltkrieg wurde das Hôtel des Roches Noires vom französischen Staat als eine Art Reparationszahlung einbehalten. 1924 bekam es einen neuen Besitzer, einen französischen Bankier, Hauptaktionär einer Kommanditgesellschaft. Die Innovationen der Zwanziger- und Dreißigerjahre gaben dem Gebäude die Gestalt, die es heute noch hat, und läuteten eine neue Blütezeit ein. Die lukrative Periode fand 1939 ein Ende. Zunächst beschlagnahmte die französische Armee das Hotel, um es als Krankenhaus zu nutzen, dann richteten sich die deutschen Besatzer dort ein und hinterließen Spuren. Madame Daillencourt verweist auf den Bericht eines Gerichtsbeamten, der in einer detaillierten Aufstellung die Zerstörungen dokumentiert hat. Traurig und leblos sieht der »Ozeanriese« auf den Fotos aus, die Fensterläden geschlossen, die Terrasse in Schutt und Asche gelegt.

»Das«, sagt Madame Daillencourt, »war eine Bombe, drei weitere haben Teile des Dachs zerstört.«

»Und nach dem Krieg wurde alles restauriert?«

Ab 1947 seien erst das Dach, die Fenster und Treppen wiederhergestellt worden, dann folgten die Sanitärinstallationen, die Metall- und die Malerarbeiten. 1950 habe man mit fünfzig Zimmern das Hotel wieder eröffnet, obwohl der Bau noch nicht abgeschlossen war.

»Und Sie gehörten damals schon zu den Gästen?«, will ich von der alten Dame wissen.

»Nein, ich kam 1957 zum ersten Mal nach Trouville. Und hatte das Glück, dass ich unter denen war, die zwei Jahre später einen Brief von der Hotelgesellschaft bekamen mit der Ankündigung, dass alle Wohnungen im Roches Noires einzeln verkauft würden. Sie boten sie uns zu einem äußerst günstigen Preis an. Das heißt, die Gäste des Hotels hatten Vorkaufsrecht. Wer damals nicht zugriff, der war dumm. Der Rest der Wohnungen ging auch sehr schnell weg, man benachrichtigte Freunde, Bekannte. Die erste Eigentümerversammlung entschied, nichts im Haus zu verändern. Wir haben die Halle unverändert gelassen, die Nummern an den Türen, das Treppenhaus, die Gemeinschaftsräume. Das hat uns den Status eines Kulturdenkmals eingebracht. Und das hat die Spekulanten vertrieben, die wer weiß was mit diesem Haus gemacht hätten.«

Im Gespräch merke ich, wie tief Madame Daillencourt eintaucht in die Vergangenheit, die in ihrem Kopf gespeichert ist. Sie erzählt so lebhaft und detailreich davon, als sei es gestern gewesen. Ich weiß, dass sie in den Siebzigerjahren in einem Pariser Verlag die feministische Reihe *Édition des Femmes* geleitet hat, und frage sie nach Marguerite Duras.

Marguerite sei um 1960 eingezogen, sagt sie, wie auch weitere Künstler, Schauspieler, Intellektuelle, Leute aus der Film- und Fernsehbranche. Sie habe die Schriftstellerin durch ihre Verlagsarbeit in Paris kennengelernt, dann seien sie sich in Trouville wiederbegegnet.

»Ich würde nicht sagen, dass wir Freundinnen waren, so nah kam man ihr nicht. Aber wir respektierten uns. Marguerite hat einige Filme hier gedreht. Da war sie aber noch nicht so bekannt, das kam erst, nachdem sie *Der Liebhaber* geschrieben hatte. Das Buch kennen Sie sicher.«

Ich nicke, und Madame Daillencourt kichert in sich hinein. »Die Anekdote muss ich Ihnen erzählen, sie ist köstlich. Wir alle haben immer gerätselt, ob Marguerite den chinesischen Liebhaber erfunden hat oder ob die Geschichte biografische Züge trägt. Sie selbst hat sich nie dazu geäußert. Erst nach ihrem Tod kam Licht ins Dunkel. Anlässlich einer Hommage an Marguerite hier in den Roches Noires drei Jahre nach ihrem Tod machte sich zwischen den Zuhörern ein kleiner alter Herr bemerkbar, gekleidet im alten französischen Kolonialstil, gestreifte Hose, schwarzes Jackett, gestärkter weißer Kragen. Er stand auf und sagte: ›Ich habe Marguerite Duras in Indochina im Auto des Chinesen gesehen.‹ Da hatten wir also einen Zeugen dafür, dass es den Chinesen wirklich gab.« Madame Daillencourt lacht so herzhaft, dass sich in ihren Augenwinkeln Tränen bilden, und fügt hinzu: »Ist das nicht eine schöne Geschichte?«

Ich will gerade meine Skepsis kundtun und Misstrauen anmelden angesichts einer Beobachtung, die siebzig Jahre zurückliegt. Außerdem musste der angebliche Zeuge um die neunzig gewesen sein, als er dieses bemerkenswerte Geständnis ablegte. Ich behalte meinen Einwand für mich. Selbst wenn sie erfunden wäre, es bliebe eine schöne Geschichte. Und außerdem, warum nicht ein Neunzigjähriger. Hier leben einige, die noch älter sind.

Wenn ich noch mehr über das Hôtel des Roches Noires erfahren wolle, sagt meine Gastgeberin, die nun ein wenig müde wirkt, solle ich zu den Niels gehen. Monsieur Niel sei ein Bewohner der ersten Stunde.

Madame und Monsieur Niel gehören auch zur Generation der über Achtzigjährigen. Sie empfangen mich in ihrer lichten, rosa-weiß gehaltenen Suite im Erdgeschoss, die sie erweitert und umgebaut haben. Als ihre Familie mit Kindern und Enkeln auf zwölf Personen angewachsen sei, hätten sie den früheren *salon de lecture* des Hotels, den Lesesaal, der direkt neben der Suite lag, dazugekauft und eine große Wohnung daraus gemacht nebst eigener Terrasse.

Seine Eltern, erzählt Monsieur Niel, hätten die Suite 1959 gekauft. Ein Glücksfall, aber auch ein Fingerzeig aus der Vergangenheit. Sein Vater habe in seiner Jugend als künstlerischer Direktor bei dem Juwelier Van Cleef & Arpels in Paris gearbeitet. Als er viel später die Suite für die Familie kaufte und die

Räume besichtigte, habe er sich erinnert, dass er als Zwanzigjähriger, von seinem Chef nach Trouville geschickt, genau hier König Edward VII. ein Diadem überreicht habe, das der englische Monarch bei Van Cleef & Arpels bestellt hatte. Das muss, rechne ich nach, zu Beginn des 20. Jahrhunderts gewesen sein, denn Edward VII., bekannt für seine Vorlieben für Glücksspiel, Pferderennen und Mätressen, starb bereits 1910. Vermutlich schenkte er das Diadem seiner letzten Geliebten Alice Keppel, der Urgroßmutter von Camilla Parker Bowles, nunmehr zweite Ehefrau von Prinz Charles, die ihn auf Ferienreisen, meist nach Biarritz, aber auch in die Normandie, begleitete. Für wen das Diadem bestimmt war, sagt Monsieur Niel, habe sein Vater natürlich nicht gewusst. Seine Sorge habe vor allem der Überbringung des kostbaren Schmucks gegolten, den er mit dem Zug von Paris nach Trouville zu transportieren hatte. Gauner und Diebe hätten damals Hochkonjunktur gehabt, und sein Vater habe die ganze Fahrt über gefürchtet, überfallen zu werden. »Wo Reichtum ist, sind auch Neider.«

Monsieur Niel kramt aus einer Schachtel drei alte Fotos heraus. »Sie müssen sich vorstellen«, sagt er, »der Tourismus der Belle Époque befand sich um 1912, zwei Jahre vor Ausbruch des Ersten Weltkriegs, auf dem Höhepunkt. In dem Jahr richtete Van Cleef & Arpels eine Zweigstelle in Deauville ein, in der Rue Gontaut-Biron, wo auch Coco Chanel ein Jahr später eine Boutique eröffnete.«

Auf dem einen Foto erkenne ich die Straße, die zum Strand führt, links die Hinterseite des Casinos, rechts eine Ladenzeile mit Luxusboutiquen. Das Bemerkenswerte aber ist der Menschenauflauf, der an heutigen Massentourismus denken lässt, ein einziges Gedränge und Geschiebe. Die Damen tragen lange helle Kleider und große Hüte – offensichtlich hatte sich Coco Chanel mit ihrer Revolutionierung der Mode noch nicht durchgesetzt –, die Herren dunkle Anzüge, Krawatte oder Fliege und ein Strohhütchen. Ein anderes Foto muss Anfang der Sechzigerjahre aufgenommen worden sein. Es zeigt einen schnittigen Ferrari-Sportwagen vor dem Geschäft von Van Cleef & Arpels.

»Wissen Sie, wer das ist?«, fragt Monsieur Niel und zeigt auf den selbstbewusst posierenden, perfekt gekleideten Herrn, der sich ans Auto lehnt. Ich schüttle den Kopf. »Porfirio Rubirosa.«

Ich zucke mit den Schultern, nie gehört.

»Ein berühmter Rennfahrer und Playboy. Das Wort gebraucht heute keiner mehr, aber es gibt ja auch diese Art von Männern nicht mehr. Oder?«

Ich zucke wieder mit den Schultern.

»Die Liste seiner Frauen und Geliebten ist bestimmt so lang wie die Don Giovannis, darunter Millionenerbinnen, Fotomodelle und Schauspielerinnen wie Joan Crawford oder Marilyn Monroe. Ein Liebling der Yellow Press, selbst sein Tod sorgte noch für Aufsehen. Nach einer wilden Party in einem Nachtclub in Paris prallte er alkoholisiert mit seinem Ferrari im Bois de Boulogne gegen einen Baum. Das Ende eines Rennfahrers.«

Madame Niel stellt ein Tablett mit Tee und Wasser auf den Tisch. »Im Vergleich zu Deauville, das schon immer ein Anziehungspunkt der mondänen Welt und der Demimonde war«, sagt sie, »lebt es sich in Trouville vergleichsweise ruhig. Wir mögen es lieber so.«

Am nächsten Tag fahre ich mit dem Rad nach Deauville, um mir anzusehen, wo der Juwelier Van Cleef & Arpels seinen Sitz hatte. Dieser Teil der Straße heißt nicht mehr Gontaut-Biron, sondern Lucien Barrière, benannt nach einem Unternehmer, dem Gründer der Groupe Barrière, die Casinos und Luxushotels betreibt. Daran mangelt es an der Kanalküste nicht. Wo einst der Schmuckhersteller und Coco Chanel ihre Boutiquen hatten, verkaufen nun populäre Modemarken Damen- und Herrenbekleidung. Van Cleef & Arpels, recherchiere ich später, ist seit 1999 nicht mehr im Familienbesitz. Die Firma wurde von einer Schweizer Luxusgüterholding, zu der auch Montblanc oder Piaget gehören, übernommen, die Zweigstelle in Deauville geschlossen. Worauf ich immer wieder stoße: Auch wenn das Badeleben an der normannischen Kanalküste bereits in den 1860er-Jahren einsetzte, ihre eigentliche Gestaltung, das, was sie heute so attraktiv macht, die herrschaftlichen Villen, luxuriösen Hotels, Casinos, die gesamte Bäderarchitektur, hat ihren Ursprung in der Belle Époque und dem damaligen Boom an Unternehmensgründungen und Investitionen. Zur Attraktivität gehört auch der Strand von Deauville mit den nach Filmstars benannten Umkleidekabinen und den Badeanlagen, die den antiken pompejanischen nachgebaut sind und dennoch ihre Entstehungszeit, die Zwanzigerjahre, widerspiegeln. »Les années folles«, die wilden Jahre, wird diese Zeit genannt. Nach den Entbehrungen des Ersten Weltkriegs war der Hunger auf Leben groß. Der Champagner floss in Strömen, man vergnügte sich in Varietés und Nachtbars und begeisterte sich für schnelle Autos, jedenfalls die, die es sich leisten konnten. Bis der dunkle Schatten des nahenden Krieges die Zeit der Sorglosigkeit beendete.

Jean

Jean steht in einem grashüpfergrünen Pyjama am offenen Fenster seiner Wohnung im zweiten Stock der Roches Normandes und ruft mir zu. Huhu. Ich schiebe mein Fahrrad durch den Kies der Gartenwege. Wegen des Knirschens höre ich nichts. Huhu. Ich drehe mich um. Jean winkt. Ich rufe, ich fahre zum Markt. Kirschen möchte er, und zwei Seezungen soll ich mitbringen, die wir zum Mittag essen werden. Jean ist sechsundneunzig Jahre alt und hieß vor langer Zeit einmal Hans. Ich habe ihn in meinem zweiten Sommer im Hôtel des Roches Noires kennengelernt.

Es geschah eines Abends im Garten, als alle anderen bereits in ihren Wohnungen verschwunden waren. Ich saß auf der Mauer und sah der untergehenden Sonne zu. Das tat ich manchmal bei klarem Himmel in der Hoffnung, Zeugin des berühmten grünen Leuchtens zu werden. Einmal glaubte ich, dort, wo die Sonne gerade am Horizont verschwunden war und letzte Strahlen den Himmel verfärbten, etwas Grünliches gesichtet zu haben. Der einzige meiner Bekannten, der jemals das Naturphänomen beobachtet hatte, lachte nur, als ich ihm davon erzählte. An der Küste, sagte er, kannst du wegen der Luftverschmutzung den grünen Blitz gar nicht sehen, allenfalls auf hoher See. Er erscheint nur für Sekunden bei geeigneten atmosphärischen Bedingungen und sieht aus wie ein grüner Fleck, ein grüner Blitz. Das menschliche Auge kann das Grün nur wahrnehmen, wenn die Rot-Orange-Töne verschwunden sind. Nach dieser Desillusionierung hatten die Sonnenuntergänge erst einmal ihren Reiz für mich verloren. Es verging einige Zeit, bis meine Grün-Fixiertheit nachgelassen hatte und ich mich für die Rottöne begeistern konnte, die der Sonnenball bei seinem Verschwinden am Horizont hinterließ.

Jean interessierte sich weder für grüne noch für rote Naturphänomene. Er las in der Zeitung, die er in beiden Händen hielt. Dann ließ er sie sinken und sprach mich an. Er hatte wohl von mir gehört, in den Roches Noires verbreiteten sich Neuigkeiten schnell, vor allem, wenn sie Mitbewohner betrafen.

»Sprechen Sie Deutsch?«, fragte er auf Deutsch in merkwürdig singendem Tonfall. Sein Akzent verriet, dass er von dieser Sprache nicht viel Gebrauch machte. Ich kannte seinen Namen und wusste, dass er zu den ältesten Bewohnern des Hauses gehörte, wir waren uns aber bis dahin nicht vorgestellt worden.

Ich antwortete ihm auf Französisch: »Ich bin Deutsche.«

»Ja«, sagte er, »ich weiß.«

Wir sprachen nie wieder ein Wort Deutsch miteinander. Um seinem Ruf als Charmeur gerecht zu werden, lud er mich sofort auf ein Glas Champagner in seine Wohnung ein. Alle Frauen seien verrückt nach Champagner, habe ihn seine Erfahrung gelehrt, deshalb sei immer eine Flasche im Kühlschrank. Es habe noch keine Nein gesagt. Ich sagte Nein. Ich wolle noch arbeiten und deshalb keinen Alkohol trinken, schlug ihm dagegen ein Treffen für den folgenden Tag vor, zu einem Kaffee am Vormittag. Er war einverstanden, schüttelte aber ungläubig den Kopf. Da hörte ich zum ersten Mal von ihm, was er später immer dann wiederholte, wenn ihm meine Verhaltensweisen fremd erschienen: »Tu es une drôle de fille«, »Du bist ein merkwürdiges Mädchen«. Das »Mädchen« nahm ich gelassen, schließlich gehörte er der Generation meines Großvaters an. Vieles an mir verstand er nicht. Dass ich nicht verheiratet war, dass ich meinen Lebensunterhalt selbst verdiente, dass ich Gemüse auf dem Markt kaufte statt tiefgefroren im Supermarkt, dass ich ihn am Abend verließ, um in meine eigene Wohnung zu gehen, dass ich mich nicht für Prominente interessierte, dass ich allein Auto fuhr, wenn auch, wie er später bei geeigneter Gelegenheit zugab, für eine Frau ziemlich gut. Als zu Beginn des 20. Jahrhunderts Geborener hatte er feste Vorstellungen von der Rollen- und Aufgabenverteilung von Mann und Frau. Da durfte nichts vermischt werden. Die Last des Geldverdienens trägt allein der Mann, die Frau kümmert sich um Haus und Kinder. Wichtige Entscheidungen trifft der Mann, ohne die Frau zu konsultieren. Der Frau wird Respekt erwiesen, indem ihr Parfüm und Pelze oder Ferienaufenthalte geschenkt werden. Das Chaos im Straßenverkehr, meinte Jean, würde dadurch verursacht, dass alle Frauen Auto fahren wollten. Bei mir musste er von vielen seiner Vorstellungen Abschied nehmen. Er tat es klaglos, nur mit diesem »Tu es une drôle de fille« äußerte er Unverständnis oder Missfallen.

Als ich am nächsten Morgen aus dem Fahrstuhl in die Halle trat, saß Jean in einem der cognacfarbenen Sessel, beige Leinenhose, Sportschuhe, weißer Tennispullover mit V-Ausschnitt und einem roten und blauen Streifen, ein Modell aus den Siebzigerjahren. Auf dem Kopf eine schicke schwarze Baseballkappe mit dem Zeichen der New York Yankees, ein Geschenk von seinem Enkel, der in New York lebt und mit einer Japanerin verheiratet ist. Sie bedeckte seinen vollkommen kahlen Schädel. Nicht ein Härchen spross auf seiner Kopfhaut. Am Abend vorher hatte er mir bereits erzählt, dass seine Kahlheit keinesfalls eine Alterserscheinung sei. Mit Anfang fünfzig war er an Typhus erkrankt, nachdem er bei einem Tennisturnier im Stadion Roland Garros ein Eis gegessen hatte. Alle Haare seien ihm ausgegangen und nie wieder gewachsen. Deshalb müsse er immer eine Kopfbedeckung tragen. Er schien auf mich zu warten.

»Waren wir nicht im Strandcafé verabredet?«

Es sei sicherer, wenn er mich begleite, sagte Jean mit einem verschmitzten Lächeln, das ich erwiderte, damit er wusste, dass ich wusste. Er hakte sich bei mir ein, und wir gingen gemeinsam den Plankenweg am Strand entlang. Es war das erste von vielen Malen, die folgen sollten. Ist doch besser zu zweit. Auf jeden Fall. Die Tennisplätze waren mit meist jungen Leuten belegt, die sich die Bälle zuspielten. Jean machte halt, setzte sich auf eine Bank. Nur ein bisschen zusehen, ich sollte nicht denken, er mache schlapp. Das dachte ich nicht und setzte mich auch. Bis vor zehn Jahren habe er Tennis gespielt, und nicht schlecht, sogar Regionalturniere gewonnen. Mit sechsundachtzig habe sich sein Herz gemeldet, nichts Dramatisches, aber sein Sohn, der Arzt sei, habe ihm das Tennisspielen verboten. Im Meer schwimmen dürfe er seit zwei Jahren auch nicht mehr. Einmal habe er gegen das Verbot verstoßen und im kalten Wasser einen Wadenkrampf bekommen. Unangenehm, er habe sich kaum ans Ufer schleppen können. Sein Sohn wisse davon nichts, sonst rege er sich nur auf. Seitdem habe er es lieber gelassen. Als Jugendlicher in Wien sei er in der Donau geschwommen, herrlich und ein bisschen gefährlich, erinnert er sich, viele Stromschnellen, man ließ sich treiben.

»Schwimmst du gern?«, fragte er mich.

»Nur im Schwimmbad, nicht in diesem Wasser, zu schmutzig so nah an der Seine-Mündung.«

Ich wollte ihm nicht gleich meine ambivalente Beziehung zum Meer erklären und griff deshalb zu einer halbwegs einsehbaren Begründung. Nicht für Jean. »Tu es une drôle de fille.« Er hatte sich noch niemals Gedanken darüber gemacht, welche Dinge berechtigt oder unberechtigt im Wasser entsorgt werden.

»Werden nicht die Abwässer vom Hôtel des Roches Noires direkt ins Meer geleitet?«

»Kann sein«, sagte er, »aber weit draußen, nicht hier am Strand.«

»Und der ganze Müll, der angespült wird, Dosen, Plastikflaschen, Alufolie?«

»Die Arbeiter der Kommune säubern den Strand jeden Morgen. Ist dir das noch nicht aufgefallen? Was du dir für Sorgen machst. Nein, nein«, schloss er das Thema ab, »das Wasser ist ganz sauber, war es immer.«

Wir setzten unseren Weg zum Strandcafé Galatée fort. Die Sonne schien jetzt um halb elf schon kräftig, Kinder bevölkerten den Spielplatz, und im Windschatten der Umkleidekabinen hatten sich Sonnenanbeter niedergelassen, um ihrem Körper zur nötigen Urlaubsbräune zu verhelfen. Jean hatte sich wieder bei mir eingehakt, und mir fiel auf, wie kraftvoll sich sein Arm anfühlte, nichts als Muskeln und Sehnen.

»Bist du wirklich schon sechsundneunzig? Du hast als Kind den Ersten Weltkrieg erlebt und später den Zweiten ...« Ich hielt inne. Mein Herz klopfte, ich betrat schwieriges Terrain. Es hatte mit Tätern und Opfern und Schuld und Sühne zu tun. Da er hier vor mir saß, musste er als Jude die Shoah überlebt haben. Im Café, nachdem Jean einen Express und für mich einen Tee bestellt hatte, wagte ich es, ihn zu fragen, tastete mich langsam vor.

»Du bist Jude, nicht?«

»Assimiliert und nicht gläubig«, antwortete Jean, »aber so ist das, einmal Jude, immer Jude.«

»Und während der Nazizeit?«

»Ich erzähle dir alles«, sagte er, und als wir am späten Nachmittag das Galatée verließen, hatten wir zwei Liter Mineralwasser, drei Express, zwei Tee und zwei Calvados getrunken, Fisch mit Pommes frites gegessen, vielmehr nur die Hälfte, weil es nicht schmeckte, und ich kannte in groben Zügen Jeans Lebensgeschichte, die der anderer Juden in Frankreich während des Krieges glich: Flucht aus Paris nach Südfrankreich – mit Ehefrau, einer russischen Jüdin, kleinem Kind und der Familie seines Schwagers – Unterschlupf finden bei Bauern, sich verstecken, immer in Gefahr, entdeckt und deportiert zu werden. Keine Nachrichten von seinen Eltern und Geschwistern in Wien, die längst in einem Vernichtungslager getötet worden waren.

Ich war mit dem Schweigen der Eltern und dem Makel, Deutsche zu sein, aufgewachsen. Es wurde nicht direkt ausgesprochen, doch unter der Oberfläche lauerte etwas, was ein Kind nicht versteht, aber spürt. Später dann die amerikanischen Dokumentationsfilme über die Konzentrationslager, die Nürnberger Prozesse, Fassungslosigkeit, »Nie wieder Faschismus, nie wieder Krieg«. Und Schuldgefühle, die nicht zu tilgen sind, weil man persönlich schuldlos ist.

»Wieso bist du überhaupt von Österreich nach Frankreich gegangen?«

»Eigentlich wollte ich Musiker werden, Geiger, ich hatte eine Zulassung für das Konservatorium in Wien. Aber mein Vater hat es mir verboten, Musiker schien ihm kein seriöser Beruf. Gut, habe ich gesagt, dann studiere ich Ökonomie. Aber ich möchte zum Studium an die Sorbonne in Paris. Damit war er einverstanden. Es kam dann alles anders. Im Zug von Wien nach Paris traf ich einen Mann meines Alters, Sohn von russischen Emigranten. Er war im Pelzhandel tätig. Du kannst da gut verdienen, sagte er, ich zeige dir, wie es geht. Ja, und dann habe ich seine Schwester kennengelernt und mich so verliebt, dass ich sie gleich geheiratet habe. Ich bin in den Pelzhandel eingestiegen, und die Sorbonne war vergessen. Mein Vater hat getobt, ich blieb in Frankreich. Das war mein Glück. Ich habe überlebt, meine Familie in Wien nicht.«

»Wieso sitzt du hier mit mir, einer Deutschen?«, fragte ich ihn.

»Weil du die erste Frau bist, die zu Champagner Nein sagt.« Er grinste.

»Mach keine Witze, du weißt, was ich meine. Keine Wut, kein Hass, kein Nicht-vergessen-Können? Meine Landsleute haben deine Familie umgebracht.«

»Da warst du noch nicht geboren, oder?«

»Nein. Aber meine Eltern und Großeltern.«

»Kein Hass, keine Wut. Manchmal Trauer. Vor allem, weil ich meinen Zwillingsbruder nicht retten konnte. Komm mit, habe ich ihm gesagt, als ich 1930 nach Paris ging, wir schaffen das gemeinsam, wir schlagen uns durch. Aber er wollte nicht. Als ich 1934 noch einmal in Wien war, fand ich die Lage schon bedrohlich. Und nach dem Abkommen des österreichischen Bundeskanzlers mit Hitler 1936 habe ich meiner Familie geraten, Österreich zu verlassen. Mein Vater blieb stur, noch 1938. Als Beamter der österreichischen Bahn würde ihm nichts passieren, meinte er. Wir hatten uns gestritten, weil ich mein Studium an der Sorbonne nicht beendet habe und in den Pelzhandel eingestiegen bin. Er hat mich verstoßen, und wir hatten keine Gelegenheit mehr zur Versöhnung. Ich würde mir wünschen, mein Vater könnte sehen, dass ich es zu etwas gebracht habe. Mit dem Pelzhandel.«

Wir schwiegen. Ich konnte Jean nicht teilhaben lassen an dem, was mir durch den Kopf ging. Es wäre vermessen gewesen, angesichts einer Tragödie, wie er sie erlebt hatte, von meinen Schuldgefühlen zu sprechen.

Jean wirkte müde, als wir den Rückweg antraten. Ich hatte ihn um seinen Mittagsschlaf gebracht, und er hatte mehr Kaffee getrunken als üblich. An dem Tag war ich zum ersten Mal in seinem Appartement in den Roches Normandes, ein Zimmer zum Wohnen, Essen und Kochen, eins zum Schlafen. Dusche und Toilette nachträglich eingebaut. Die Einrichtung aus den Sechzigerjahren. Er hätte es gerngehabt, wenn ich bei ihm geblieben wäre, sofort und ganz und gar.

»Ist genug Platz.«

»Das geht nicht, Jean«, sagte ich, »ich komme wieder, wenn du willst, aber ich bleibe nicht. Ich brauche meine eigene Wohnung, und ich muss gehen können.«

Die Szene wiederholte sich, später auch in Paris, wo ich eine *chambre de bonne* im 5. Arrondissement bewohnte, die mir Freunde vermittelt hatten, ein ehemaliges Dienstbotenzimmer im fünften Stock ohne Fahrstuhl. Hartnäckig versuchte er, mich zum Bleiben zu überreden. Mit allen Tricks: Weißt du, wie viele Leute in ihren Wohnungen verbrennen, besonders in den oberen Etagen. Und Überfälle und Einbrüche. Hier im 16. Arrondissement ist es viel ruhiger. Mit allen Tricks, aber ohne jeden Vorwurf. Ohne moralische Erpressung. Nie habe ich ein Wort der Klage oder Anklage von ihm gehört. Das Spiel ging so: Er hatte das Recht, es zu versuchen, ich das Recht, abzulehnen. Es brauchte nur einige Zeit, bis er verstand, warum ich nicht blieb, das heißt, bis er mich besser kannte und meiner gewiss sein konnte. Am Anfang kommentierte er seine Niederlage mit dem »Tu es une drôle de fille«. Irgendwann erklärte er mein Verhalten: »So bist du eben. Das ist dein Charakter.« Damit lebten wir beide gut.

Fünf Sommer verbringen wir gemeinsam in Trouville.

Jetzt steht Jean also in seinem grashüpfergrünen Pyjama am Fenster seiner Wohnung. Ich fahre mit dem Rad zum Markt am Kai der Touques, kaufe zwei Seezungen – nicht die mickrigen kleinen, fleischig sollen sie sein –, grüne Bohnen, eine Schale Kirschen – die großen dunklen – und Ziegenkäse. Nachdem ich die Sachen bei Jean abgeliefert habe, spazieren wir gemeinsam zum Café in der Rue des Bains. Jean kauft am Kiosk Zeitungen, wir setzen uns an einen Tisch im Freien. Wir haben unsere Gewohnheiten. Ich bekomme den *Figaro*, Jean stürzt sich auf *Paris Match*, er hat eine Schwäche für Klatsch und Tratsch und Sensationen. Später tauschen wir. Am Mittag koche ich die grünen Bohnen, Jean brät die Seezungen. Braten ist die einzige Tätigkeit in der Küche, die ihm behagt, alles andere findet er lästig. Meistens greift er auf Tiefgekühltes zurück, das in der Mikrowelle erhitzt wird. Er bindet eine Schürze um.

»Jean, die Schürze müsste mal gewaschen werden.«

»Warum soll man Schürzen waschen? Unnötig.«

Das Kleidungsstück, getränkt von Öl und anderen Flüssigkeiten und verkrustet von Essensresten, sieht aus wie ein Kunstobjekt, das man senkrecht stehend auf einem Sockel präsentieren könnte. Jean, der sonst sehr auf Reinlichkeit bedacht ist, sieht den Sinn einer Wäsche nicht ein. Dass der ölverspritzte

Herd geputzt werden muss, ja, aber die Schürze soll bleiben, wie sie ist. Ich hake nicht weiter nach. Seine Seezungen schmecken gut. Er trinkt zum Essen immer ein Glas Rotwein und nach dem Essen einen Calva. Dann folgt sein Mittagsschlaf. Ich räume das Schlachtfeld auf und gehe.

Unser Tagesablauf hat einen bestimmten Rhythmus. Mittagessen entweder bei ihm, oder wir gehen ins Central. Den Nachmittag beanspruche ich für mich. Am frühen Abend treffe ich Jean im Garten, er sitzt dort in einer Runde mit anderen älteren, meist jüdischen Bewohnern, die er seit Jahrzehnten kennt. Entweder ich setze mich dazu, oder wir drehen eine Runde auf dem Holzplankenweg, und er kommentiert die Gartengesellschaft.

»Madame Andrei scheint mir gealtert. Sie sah früher frischer aus.«

Besagte Dame ist über neunzig, Pagenschnitt, die Haare ungefärbt, dunkel mit Silbersträhnen, in perfektes, makelloses Weiß gekleidet, eine rosenbestickte Stola um die Schultern, immer ein Buch in der Hand. Sie stammt von Korsen ab, und ihre Haut ist dunkel gebräunt. Ich finde sie für eine Neunzigjährige erstaunlich frisch.

»Ich bin auch älter geworden«, räumt Jean ein. »Aber in letzter Zeit zwinkern mir alle zu, klopfen mir auf die Schulter. Sie finden, ich sehe zehn Jahre jünger aus.«

»Hochachtung für den Siebenundneunzigjährigen, der eine Frau ergattert hat, die seine Enkelin sein könnte.«

Die Ironie erreicht ihn nicht. Ich spüre seinen Besitzerstolz, wenn die anderen Herren anerkennend nicken. Manchmal stimmt einer das Lied *Auprès de ma blonde* an. Dann drückt Jean meinen Arm.

Auf ihrer Terrasse im Erdgeschoss sonnt sich Madame …

Jean weiß nicht mehr genau, ob sie Bulot (Meeresschnecke) oder Boulot (Job) oder Bouleau (Birke) heißt. Ich finde alle drei Namen merkwürdig. Jean gibt zu, dass er sich irren könnte, und wir lachen. Er weiß jedoch noch, dass Madame früher einmal im Moulin Rouge getanzt haben soll. Wie zum Beweis streckt die neunzigjährige Dame eins ihrer schlanken, immer noch wohlgeformten Tänzerinnenbeine in die Luft.

»Siehst du«, sagt Jean, als hätte sich damit seine Aussage bewahrheitet. »Aber ihr Mann«, flüstert er, »das war ein Filou, ein Spieler. Sie musste ihn oftmals aus dem Casino nach Hause schleppen, sonst hätte er das ganze Geld durchgebracht.«

Ich mag die Geschichten über die Bewohner der Roches Noires. Dichtung oder Wahrheit, das ist egal. Es wäre schade, wenn sie verloren gingen. Ich stelle mir vor, welche Geschichten über mich einmal erzählt werden könnten. Die Polin – wegen meines Namens nannte man mich so –, die eigentlich Deutsche war und eine Liaison mit einem hundertjährigen Holocaustüberlebenden hatte? Die Rundfunkredakteurin, die sich im Hôtel des Roches Noires einnistete und Kriminalromane schrieb? Die Deutsche, die Frankreich liebte? Zum Glück oder bedauerlicherweise erfährt man selbst nichts davon.

Am Abend möchte ich allein sein. Jean versucht, mich umzustimmen, indem er die Vorteile seiner Wohnung und den Inhalt seiner Tiefkühltruhe preist. Er weiß, dass ich gehen werde, und legt sich dennoch ins Zeug. Ich weiß, dass seine Vehemenz sofort verflogen ist, wenn ich weg bin. Einsamkeit kennt er nicht, und ans Alleinsein ist er gewöhnt, seit seine Frau vor fünfundzwanzig Jahren gestorben ist. Deshalb kann ich ihn ohne schlechtes Gewissen enttäuschen. Wir werden nicht müde, dieses Spiel zu spielen, selbst wenn im Fernsehen ein Tennismatch gezeigt wird, das Jeans ganze Aufmerksamkeit beanspruсht. »À demain«, rufe ich ihm zu, die Hand schon am Türknauf, und seine gemurmelte Erwiderung zeigt mir, dass er nur Augen für den Court in Wimbledon hat.

Gestundete Zeit

Jean hat neben mir auf dem Beifahrersitz Platz genommen. Wir fahren in ein Ausflugslokal. Einen Garten mit Hühnern und Kaninchen und gute Landküche hat er versprochen, er kenne den Gasthof seit vierzig Jahren. Sein Unbehagen, nicht selbst am Steuer zu sitzen, ist nicht zu übersehen.

»Meine Söhne haben mir das Autofahren verboten und mir mein Auto weggenommen.«

»Du hörst dich an wie ein Kind: Mein Vater hat mir das Handy weggenommen.«

»Ich war immer ein guter Autofahrer. Was ich für Strecken zurückgelegt habe! Alles verbieten sie mir, Tennis, Schwimmen, Autofahren, Wurst und Schnaps.«

»Wahrscheinlich rechnen sie damit, dass du unvernünftig bist und von selbst nicht zur Einsicht kommst.«

»Warum verbieten sie mir nicht Gemüse und Milch? Darauf könnte ich gut verzichten. Aber nein, Schnaps und Wurst.«

»Weil das ungesund ist.«

»Unsinn. Wäre ich sonst so alt geworden?«

Gegen das Argument ist man machtlos. Jede Lebensweise wäre durch ein solches Alter gerechtfertigt, so ähnlich wie bei Helmut Schmidt und den Zigaretten.

»Mein Arzt sagt, ich kann hundertsechs werden.«

Ich fahre auf der Küstenstraße in Richtung Honfleur, links das Meer, rechts Wiesen mit Kühen, Apfelbäume, Fachwerkhäuser. Die Normandie wie aus dem Bilderbuch.

»Kannst du da rechts bei dem Haus mit dem Schild mal anhalten?«

Es ist eine Destillerie, und Jean kauft eine Flasche Calvados. Man sieht ihm die Freude über ein Stück wiedergewonnene Freiheit an. Seine Söhne achten darauf, dass er nicht viel Hochprozentiges im Haus hat. Der gelungene Schachzug, ein Verbot zu umgehen, das er als völlig überflüssig erachtet, bereitet ihm Vergnügen. Verschmitztes Lächeln.

»Dieser Calva ist besonders gut. Früher habe ich immer hier gekauft. Gut, dass wir ein Auto haben.«

Kurz vor Honfleur dirigiert er mich nach rechts, auf eine Straße, die kurvig in die Höhe führt. Hinter der Kapelle Notre-Dame de Grâce, einer Pilgerkirche für Seefahrer, biegen wir falsch ab und verfahren uns.

»Das war mal besser ausgeschildert«, erinnert sich Jean.

Schließlich erreichen wir trotz der Umwege die Ferme de la Grande Cour. Jean hatte recht, vor uns breitet sich ein herrlicher großer Garten aus, auf dem Rasen weiße Tische und Stühle, Sonnenschirme.

»Die haben sich vergrößert. Der Garten war kleiner.«

»Und keine Hühner und Kaninchen. Aber schön«, sage ich.

Während der Fahrt hat Jean mehrfach angekündigt, dass er *Terre et Mer* essen würde. Zu seiner Enttäuschung steht das Gericht nicht mehr auf der Speisekarte.

»Was ist das eigentlich? Fleisch und Fisch?«, frage ich ihn.

»Eine Spezialität, Charcuterie und Meeresfrüchte.«

»Da hättest du ja die Hälfte nicht essen können. Wäre schade ums Geld gewesen.«

»Ph«, macht Jean und schmollt. Bis das Rinderfilet vor ihm steht, die Haube aus Gänseleberpastete stimmt ihn versöhnlich. Beim zweiten Glas Rotwein sind die ersehnten Wurstwaren vergessen.

Auf der Rückfahrt nickt Jean ein. Ich nehme es als Zeichen des Vertrauens in meine Art zu fahren, auch wenn vermutlich die ungewohnte Menge Wein daran schuld ist.

»Zurück ging es schneller.«

»Du hast geschlafen.«

»Ich schlafe nie im Auto. Du bist anders gefahren. Für eine Frau wirklich nicht schlecht.« Er legt seine Hand auf meine am Steuer, die wie immer kälter ist als seine.

Am Wochenende kommen Jeans zwei Söhne mit ihren Ehefrauen, zwei seiner Enkel und deren Freunde zu Besuch. Ich werde für zwei Tage Mitglied einer großen Familie. Zum Essen im Central sind wir zwölf Personen, und ich fühle mich ein bisschen wie in einem der französischen Filme, wo sich Verwandte und Angehörige, die im Allgemeinen Distanz zueinander halten, im Sommer in einer Villa auf dem Land versammeln. Während im Film das ungewohnte Zusammentreffen alte und neue Konflikte aufbrechen lässt – es muss ja etwas passieren, um den Zuschauer nicht zu langweilen –, verlaufen die Tage in Trouville harmonisch. Abends wird ein großer Tisch in Jeans Wohnung aufgestellt. Wie das so ist, die Frauen bereiten die Speisen zu, Salate und Suppe, dazu Käse und gekochten Schinken. Dann Obst. Die Söhne akzeptieren mich als Jeans Freundin, geben ihn in meine Obhut. Telefonnummern werden getauscht für den Fall, dass … Es erleichtert sie, dass sich jemand in ihrer Abwesenheit um ihn kümmert. Nur Jean ist stiller als gewöhnlich. Es wird ihm alles abgenommen.

Gut gemeint, aber Jean fühlt sich zur Unselbstständigkeit verdammt.

»Sie überwachen mich«, sagt er mir später.

»Nein, sie machen sich Sorgen. Angesichts deines Alters nicht verwunderlich. Du solltest ihnen dankbar sein, dass sie sich um dich kümmern.«

»Ja«, gibt er unwillig zu, »sie sind wirklich aufmerksam. In Paris holen sie mich jeden Sonntag zum Essen ab, sie füllen meinen Kühlschrank, sie sorgen dafür, dass ich ärztlich betreut werde und eine Haushälterin habe. Ich kann selbstständig in meiner Wohnung leben. Aber sie verbieten mir zu viel.«

Von dieser Vorstellung lässt er sich nicht abbringen. Nach dem Wochenende verstehe ich, was er meint. Und denke an die Nachteile des Alters, wenn einem Stück für Stück die Autonomie über das eigene Leben genommen wird und man merkt, dass einen auch die liebsten Menschen vor allem anderen mit Sorge betrachten.

»Wir könnten heiraten«, schlägt er vor. Vielleicht glaubt er tatsächlich, damit würde er dem Dilemma entkommen.

Ich lache. »Ich will nicht heiraten, Jean. Außerdem würden deine Söhne dich bestimmt für unzurechnungsfähig erklären lassen. Und glaub nicht, dass du bei mir aus dem Schneider wärst. Ich würde dich noch viel mehr beaufsichtigen.«

Er kommt danach nicht mehr auf diese Idee zurück.

Jeans hundertsten Geburtstag feierten wir auf seinen Wunsch hin im Pariser Lido, dem Revue-Theater auf den Champs-Élysées. Ein Tisch nah bei der Bühne wurde reserviert, damit Jean die wenig bekleideten Tänzerinnen aus der Nähe betrachten konnte. Es war eine grandios inszenierte Show mit akrobatischen und tänzerischen Meisterleistungen. Jean, elegant in schwarzem Anzug mit Fliege, genoss den Abend mit Familie und Freunden und mit mir an seiner Seite. Champagner wurde geordert, und kurz vor der Pause trat eine Tänzerin vor und teilte dem gesamten Publikum im ausverkauften Saal mit, dass sie alle einem besonderen Ereignis beiwohnten, dass nämlich ein Gast heute hundert Jahre werde. Das Licht verlosch, und hereingetragen wurde eine riesige Torte, auf der hundert Kerzen leuchteten. Als es wieder hell wurde, erhoben sich alle Menschen im Saal, die Tänzer auf der Bühne stimmten *Joyeux anniversaire* an, und alle sangen mit und klatschten. An dem Abend übernachtete ich zum ersten und einzigen Mal in Jeans Wohnung, auf einem alten Klappbett, das viel zu schmal und durchgelegen war und dessen metallene Sprungfedern sich in meinen Rücken bohrten.

Der Sommer darauf war Jeans letzter in Trouville. Er klagte zunehmend über Müdigkeit, und oft nickte er auf der Bank ein. Sonst fehlte ihm nichts. Es gab aber auch gute Tage, an denen wir es bis zum Strandcafé schafften.

Er starb im Schlaf, in seiner Wohnung in Paris an einem Tag im April. Zwei Wochen vorher hatte ich ihn besucht. Wir saßen nebeneinander auf dem Sofa. Er hielt meine Hand, die auch jetzt noch kälter war als seine. Das Sprechen fiel ihm schwer. Sein Kopf senkte sich auf meine Schulter, wenn ihn die Müdigkeit überkam. Ich half ihm ins Bett. Eine Weile stand ich im Salon und wollte gerade aufbrechen, als ich Jean, auf einen Stock gestützt, langsam den Flur entlang zum Bad gehen sah. Er erschien mir wie ein sich entfernender Schatten auf dem Weg in eine andere Welt. Ich wusste, dass ich ihn nicht wiedersehen würde.

Trouville ohne ihn war nicht mehr dasselbe.

Ein aschkenasischer Jude mit Pariser Akzent

Er ist mir schon aufgefallen, bevor Jean ihn mir vorstellt. Monsieur Herzberg, von eiserner Gesundheit, schwimmt bei jedem Wetter im Meer und nimmt, sobald sich ein einziger Sonnenstrahl zeigt, auf der Bank im Garten Platz, mit einem Buch in der Hand. Die Lektüre, sei sie noch so fesselnd, unterbricht er mit sichtbarem Vergnügen, wenn sich eine Unterhaltung anbahnt. Nähert sich ein Bekannter, lässt er das Buch sinken, wendet sich dem Ankömmling zu und eröffnet das Gespräch mit einer Bemerkung über das Wetter: »Mon cher, Sie trotzen dem Wind.« Oder: »Mon cher, wie heiß es heute ist.« Oder: »Mon cher, sehr angenehme Temperatur, man braucht nicht einmal einen Pullover.« Wie immer die Einleitung ausfällt, es folgt in jedem Fall die Aufforderung: »Leisten Sie mir Gesellschaft.« Dabei klopft er mit der Hand sacht auf die Sitzfläche der Bank. Es schließt sich, je nach Thema, ein Gespräch, eine Diskussion, ein Disput an. Hat der andere eine Zeitung mitgebracht, werden aktuelle Nachrichten debattiert und kommentiert. Dabei wird gestikuliert, und Monsieur Herzberg streicht, wenn es hitzig wird, seine spärlichen, doch langen, quer über den Schädel drapierten grau melierten Haare zurück, die ihm immer wieder in die Stirn fallen wollen. In Gegenwart von Damen zügeln die Disputanten ihr wildes Gebaren. Die

Anzahl der im Garten erscheinenden gleichaltrigen Damen ist jedoch gering. Entgegen jeder Statistik haben die Herren ihre Ehefrauen überlebt. Sie werden von ihren Kindern oder Enkeln nach Trouville in ihre Wohnungen im Hôtel des Roches Noires gebracht, mit Lebensmitteln versorgt und gelegentlich am Wochenende besucht. Während der Woche fühlen sich die der Aufsicht ihrer Angehörigen Entronnenen wie Teenager mit einer sturmfreien Bude. Ein Stück Freiheit bei allen Zwängen, die ihnen ihr Gesundheitszustand und ein reduzierter Bewegungsradius auferlegen.

Monsieur Herzberg gehört mit seinen siebzig Jahren zu den jüngeren Mitgliedern der Gartengesellschaft und bezeichnet sich als aschkenasischen Juden mit Pariser Akzent. Er kocht gern und wagt sich, wie er stolz betont, an Rote Grütze und Gefilte Fisch. Ich bin dem jiddisch-Pariser Akzent sofort verfallen, wie auch seiner Ironie und seinem Humor.

Jean kennt Ethan, wie er ihn nennt, seit gut vierzig Jahren, war mit dessen Eltern befreundet. Als er meinen Namen nennt, ruft Monsieur Herzberg aus: »Une polonaise.« Von da an bin ich »die Polin«, und meine leise, aber hörbare Richtigstellung, ich sei Deutsche, wird ignoriert und nie mehr erwähnt. Nur wenn der neunundneunzigjährige Monsieur Weizmann mit von der Gartenpartie ist, fühle ich mich als Deutsche angesprochen. Auch er hat die Shoah überlebt, und seitdem treibt ihn eine Frage um, die ihm bisher niemand zufriedenstellend beantworten konnte.

»Wie konnte das passieren? Wie konnte ein gebildetes, kluges Volk wie die Deutschen auf jemanden wie Hitler hereinfallen? Ein Volk der Philosophen, der Dichter, der Musiker. Wieso?«

Jean flüstert mir zu: »Seit dreißig Jahren immer dasselbe

Lied. Er versteht es nicht. Er wollte Künstler werden, stammt aus der Bukowina.«

Ich finde die Frage durchaus berechtigt und suche nach einer Antwort. Ich könnte den Ersten Weltkrieg anführen, den Versailler Vertrag, die Weltwirtschaftskrise, die hohe Arbeitslosigkeit, die Unzufriedenheit, die Neigung der Menschen, Sündenböcke zu suchen, und ihre Sehnsucht nach einem Erlöser. Aber das tue ich nicht. Ich nehme an, Monsieur Weizmann kennt all diese Tatsachen, ich nehme an, er meint den Rest an Unerklärbarem, der bleibt, wenn man die logischen Begründungen abgezogen hat. Unweigerlich landet man bei der Frage: Warum tun Menschen Böses? Ich zucke nur hilflos mit den Achseln.

»Mon cher«, greift Monsieur Herzberg ein, »wie oft habe ich Ihnen gesagt: Hören Sie auf zu fragen. Niemand wird Ihnen eine befriedigende Antwort geben. Warum tötete Kain seinen Bruder? Kränkung, Neid, Eifersucht, so steht es im Alten Testament. Aber nicht jeder Eifersüchtige tötet. Sehen Sie, Psychologen, Soziologen, Mediziner, Rabbiner und Rechtsgelehrte haben das Thema behandelt. Und ganz am Ende heißt es dann: Der Mensch hat gute und böse Seiten in sich. Nicht wahr?«

Monsieur Weizmann nickt bedächtig, aber die Frage ist für ihn nicht vom Tisch. Er wird sie bei nächster Gelegenheit wiederholen.

Monsieur Herzberg nimmt mich auf in die Personengruppe derer, die er auffordert, sich neben ihn auf die Bank zu setzen. Ich werde »ma chère« genannt, nehme einen Kommentar zur Wetterlage entgegen, und schon sind wir im Gespräch. Ich frage viel, und er erzählt freigebig. Dass er aus einer Familie von Tuchmachern stamme und seine Eltern schon vor dem Krieg immer an die Kanalküste gefahren seien. Er erinnere sich an herrliche Sommertage am Strand, als er Kind war. Auch im Jahr 1939 hätten sie die Ferien hier verbracht. Er war damals sechs Jahre alt.

»Wir wurden im September in Trouville vom Kriegsausbruch überrascht. Meine Eltern ließen mich und meinen kleinen Bruder bis Anfang 1940 bei Verwandten, weil sie Angst hatten, dass Paris bombardiert werden würde.« Deshalb sei er im Oktober 39 in Trouville eingeschult worden.

»Die erste Schulerfahrung, ohne die Eltern, das war bestimmt schlimm«, mutmaße ich.

»Ma chère, was schlimm war, folgte danach«, sagt er, und sofort meldet sich wieder das alte Schuldgefühl, das sich schon bei Monsieur Weizmanns Frage zu regen begonnen hat. Im März hätten sie die Kinder nach Paris zurückgeholt. Dann der Blitzkrieg, die Nazis in Frankreich, die Flucht in den Süden und so weiter.

Nach dem »und so weiter« frage ich nicht.

»Wir haben überlebt.«

Monsieur Herzberg hat die Wohnung seiner Eltern, die zwischenzeitlich einen anderen Besitzer hatte, zurückkaufen können.

»Meine Eltern waren in finanziellen Schwierigkeiten. Es hat ihnen das Herz gebrochen, die Wohnung in Trouville verkaufen zu müssen. Mein Vater hat leider nicht mehr erlebt, dass wir sie zurückerobern konnten.«

»Warum in den Roches Normandes?«, frage ich.

»Haben Sie noch nicht gemerkt, dass auch hier ein Zwei-Klassen-System herrscht, ma chère? Die Reichen im Hauptgebäude, die Armen in den Roches Normandes. Jetzt halten Sie den alten Herzberg wohl für einen sozialistischen Aschkenasi, nicht?«

Ich lache laut und sage, dass mich das nicht stören würde, wenn es denn so sei. Eine Feststellung sei aber noch kein umstürzlerischer Gedanke und lasse nicht unbedingt auf eine sozialistische Gesinnung schließen. »Oder wollen Sie die Roches Noires stürmen und für eine gerechte Verteilung der Wohnungen sorgen? Dann hätte ich auch gern eine, ein kleines Studio würde mir reichen.«

Meine Äußerung amüsiert ihn, und er holt zu einem geschichtlichen Exkurs aus, der über den russischen Zaren, die Bolschewiki, Stalin und die Sowjetunion bis zum heutigen Russland inklusive der Judenverfolgungen reicht. Sozialismus habe sich nicht bewährt, schließt er seine Ausführungen ab.

Ich schweige.

»Na, Kapitalismus auch nicht«, fügt er hinzu. »Aber was soll man machen? Warum viele jüdische Familien das Annexgebäude der Roches Normandes vorziehen, fragen Sie. Weil die Wohnungen damals tatsächlich billiger waren und weil es dort eine koschere Tür gibt und man ein bisschen unter sich ist.«

»Eine koschere Tür?«

»Ohne Elektrik. Wir berühren am Schabbat keine elektrischen oder elektronischen Geräte. Die Tür zur Straße hin hat keine Klingeln und keinen Türöffner. Früher«, sagt er, »gab es hier in den Roches Noires eine ganze Reihe von Leuten aus der jiddischen Welt, Aschkenasim, wenn Sie so wollen, wir bildeten einen kleinen Inner Circle.« Verschwörerisches Lächeln. »Weil wir höflich sind, haben wir in der Regel nicht jiddisch gesprochen, nur wenn wir unter uns waren. Witze muss man jiddisch erzählen, sonst machen sie keinen Sinn. Wir haben Bridge gespielt, stundenlang. Und die Damen ... Sie kennen den Text von Marguerite Duras über die älteren Damen der Roches Noires?« Er wartet nicht ab, bis ich nicke, und zitiert daraus,

»›… die sich treffen, um nachmittagelang zu reden über ihre Freundschaften und Erlebnisse, über das Exil und über Auschwitz.‹ Diese Damen, das waren meine Mutter und die Frau von Hans (er nennt Jean Hans) und noch ein paar andere. Sie saßen genau hier, wo jetzt die Bänke stehen, im Schutz einer Buchsbaumhecke. Marguerite Duras hat das genau beobachtet, aber eins stimmt nicht. Über Auschwitz sprachen sie nie.«

Eines Nachmittags ist Jean verschwunden. Ich will ihn nach seinem Mittagsschlaf abholen und habe mich verspätet. Auf mein Klopfen antwortet er nicht. Es ist der Sommer nach seinem hundertsten Geburtstag, er fühlt sich schwächer und häufig müde, und wir haben ausgemacht, dass er nicht mehr allein ausgeht.

Im Garten finde ich ihn nicht. Er wird ohne Begleitung ins Strandcafé gegangen sein, vermute ich, entgegen der Anordnung. Er wird sich und mir beweisen wollen, dass er selbstständig Entscheidungen trifft und dass seine Kraft ausreicht für einen Spaziergang. Aber im Galatée keine Spur von ihm. Auch in den anderen beiden Cafés, die wir gelegentlich besuchen, nichts.

Ich laufe, zunehmend beunruhigt, kreuz und quer durch die Stadt, zum Zeitungshändler, durch den Supermarkt Monoprix, zum Kai, wo die Fischerboote liegen, an alle Orte, die Jean gern aufsucht. Dann zurück zu seiner Wohnung, klopfen. Nichts. Das Telefon nimmt er nicht ab, ich höre es drinnen klingeln. Ich staune über mich, dass mich sein Verschwinden so sehr in Unruhe versetzt und eine Bilderflut in meinem Kopf auslöst.

Er ist auf der Straße zusammengebrochen, ein Herzinfarkt, ein Schlaganfall. An piepsende Geräte angeschlossen, ringt er auf der Intensivstation um sein Leben. In dehydriertem Zustand irrt er in der Gegend herum und findet nicht zurück. Am Ende liegt er auf dem Bett in seiner Wohnung …

Im Garten treffe ich auf Monsieur Herzberg.

»Haben Sie Jean heute gesehen?«

»Nein, ma chère. Was ist?«, fragt er, als er meinen Gesichtsausdruck sieht.

»Ich suche ihn seit über zwei Stunden überall. Wir waren verabredet, und ich habe mich verspätet.«

»Vielleicht ist er am Strand?«

»Jean geht nie an den Strand.«

»Das stimmt. Wir sehen trotzdem nach.«

Meine Angst wird durch Monsieur Herzbergs Gegenwart gemildert. Wegen des kühlen Wetters war der Strand den ganzen Tag über fast leer. Jetzt geht es auf den Abend zu, die wenigen Strandgänger sind schnell überprüft. Natürlich ist Jean nicht unter ihnen.

»Wir müssen etwas unternehmen«, sage ich. Immerhin gibt es ein tröstliches Wir.

»Rufen Sie seinen Sohn an«, schlägt er vor, »er soll entscheiden.«

Wir sollen uns vom Concierge den Schlüssel geben lassen und in der Wohnung nachsehen, bittet uns Jeans Sohn, und, falls sein Vater innerhalb der nächsten Stunde nicht auftaucht, die Polizei benachrichtigen. Er habe in den letzten Monaten manchmal Absencen gehabt, wenn er zu wenig getrunken hatte.

Im Fahrstuhl stehen wir uns schweigend gegenüber. Mein Herz rast, und mein Atem beschleunigt sich, als wir die Wohnungstür erreichen.

»Sie wissen, dass ich Sie schätze, ma chère, aber im Moment wäre ich lieber nicht an Ihrer Seite«, sagt Monsieur Herzberg, bevor er laut an die Tür pocht, »Hans« ruft und dann aufschließt. Ich lasse ihm den Vortritt und wappne mich für den Fall, dass ich etwas zu sehen bekomme, was ich lieber nicht sehen würde.

»Nichts«, gibt mein tapferer Begleiter nach einem Blick ins Schlafzimmer bekannt. Nichts, wir lächeln erleichtert. »Dem werde ich was erzählen, wenn er zurückkommt«, droht er an.

Wenn er zurückkommt. Noch eine Stunde Frist. Wir halten im Garten Ausschau. Nach einiger Zeit sehen wir Jeans Silhouette auf dem Plankenweg auftauchen, helle Hose, blaue Windjacke, Baseballkappe. Er geht langsam, ein wenig gebeugt. Zum ersten Mal erscheint er mir zerbrechlich. Ich laufe ihm entgegen und nehme seinen Arm. Monsieur Herzberg wartet an der Gartenpforte. »Wo zum Teufel warst du?«, ruft er Jean entgegen. Um seiner Schimpftirade Nachdruck zu verleihen, bemüht er die höchsten und die niedrigsten Instanzen. »Wir haben Himmel und Hölle in Bewegung gesetzt, um dich zu finden. Versetzt uns in Angst und Schrecken, vor allem deine Gefährtin.«

Jean wirkt ein wenig schuldbewusst, hat aber auch etwas von einem trotzigen Kind. »Ich war im Strandcafé.«

»Nein«, sage ich, »da warst du nicht, ich habe dich dort gesucht.«

»Dann war ich wohl im Waschraum.«

Ich schüttle ratlos den Kopf. »Du meinst, du warst gerade in dem Moment auf der Toilette, als ich auftauchte?«

»Ja.«

Monsieur Herzberg setzt noch einmal nach. »Haben dir nicht deine Söhne verboten, allein wegzugehen? Hast du das vergessen?«

Jean bleibt wortkarg, brummt nur, er wolle jetzt nach oben.

»Du kannst dich glücklich schätzen, einen Menschen zu haben, der sich um dich sorgt«, sagt Monsieur Herzberg abschließend und weist auf mich.

Ich bin erleichtert, dass er zurückgekehrt ist, merke aber, dass etwas nicht stimmt. »Danke für alles. Ich bringe ihn jetzt in seine Wohnung.«

»Was ist los?«, frage ich ihn, als er erschöpft auf den Stuhl sinkt. »Du warst nicht im Strandcafé, oder?«

»Doch.« Er druckst ein bisschen herum. »Ich bin eingeschlafen. Habe ich gar nicht gemerkt. Erst als der Kellner mich angesprochen hat ...«

Es fällt ihm schwer, eine Schwäche zuzugeben. Er spürt, dass seine Kraft schwindet, und versucht sich dagegenzustemmen. Wenn der Alleingang ein Erfolg gewesen wäre, hätte er sich selbst und mir seine ungebrochene Energie bewiesen. Ich insistiere nicht, fordere ihn nur mit Nachdruck auf, nicht mehr allein loszugehen.

Um von sich abzulenken, wechselt er das Thema. »Ethan braucht sich gar nicht so aufzuregen. Der macht etwas viel Gefährlicheres. Er geht ins Gefängnis zu den Schwerverbrechern.«

»Ins Gefängnis?«

»Ja, er kümmert sich um jüdische Insassen, so eine Art Seelsorge.«

»Ich finde das sehr nobel und anständig von ihm.«

Jean ist nicht zu überzeugen, aber sein Ablenkungsmanöver ist geglückt. Meine Gedanken kreisen um Monsieur Herzbergs soziale Tätigkeit, und ich nehme mir vor, ihn danach zu fragen.

Als ich wieder einmal mit Monsieur Herzberg auf der Bank im Garten sitze, erzählt er mir davon. Nein, keine Seelsorge, er sei ja kein Rabbi und habe keine Befugnisse. Er höre sich nur die Geschichten an. »Schicksale, ma chère, Schicksale«, er wiegt den Kopf hin und her. »Männer aus dem Maghreb, entwurzelt, chancenlos, und voller Hass auf das Leben. Sie haben ihren Glauben verloren. Ich kann ihn ihnen nicht zurückgeben, aber ich kann ihnen zuhören. Manchen hilft das ein bisschen. Mein Glaube ist stark genug, dass ich ihre Verzweiflung auf mich nehmen kann.«

Dieser Sommer war auch für Monsieur Herzberg der letzte in Trouville. Kurz darauf stellte sich eine schwere Krankheit bei ihm ein. Er überlebte Jean nur um wenige Monate.

Bric-à-Brac

Morgen um neun. Nach Beuvron-en-Auge«, ruft Milène mir zu. »Fährst du, oder soll ich?«
Die begeisterte Trödelsammlerin besitzt einen Flohmarktkalender des Département Calvados. Die heiß begehrten Kalender erscheinen im Frühjahr in den Zeitschriftenläden und sind sofort vergriffen. Wohl dem oder besser der, die einen in ihren Besitz gebracht hat. Im Hôtel des Roches Noires machen sich ausschließlich Frauen auf die Pirsch nach Bric-à-Brac. Milène hat immer Glück oder ein Gespür für den richtigen Zeitpunkt, um das Verzeichnis für die gesamte Saison zu erstehen. Ihre zwei Wohnungen quellen über vor Sammlerstücken, holzgerahmte Spiegel, Bett- und Tischwäsche, Bilder, Tabletts, Kannen, Krüge, Lampen, Tische, Schüsseln, Schalen, Kerzenständer, von Tellern und Besteck ganz zu schweigen. Ich lasse mich mitreißen von ihrer Leidenschaft, und dadurch sind die Samstage im Sommer ausgefüllt mit Landpartien.

Möglichst früh sollte die versierte Flohmarktgängerin die angebotene Ware in Augenschein nehmen. Schon ein, zwei Stunden später können die besten Stücke verkauft sein. Und sie steht in Konkurrenz zu den Händlern, die auf der Suche nach aufgelösten Haushalten sind, um die erstandenen Dinge teuer in ihren Läden in den großen Städten zu verkaufen. In den Dörfern auf dem Land werden die Flohmärkte von den Einwohnern für die Bevölkerung veranstaltet. Kinderspielzeug, Kleidung, Schuhe, Küchenutensilien, Eingemachtes, Marmeladen werden feilgeboten. Wenn man Glück hat, sind schöne, gut erhaltene Stücke dabei, die irgendeine Großmutter auf ihrem Dachboden aufbewahrt hat, deren Enkel jedoch keine Verwendung dafür haben.

Unser Aktionsradius ist markiert durch Pont-Audemer im Osten, Lisieux im Süden und Beuvron-en-Auge im Westen, an der Küste bewegen wir uns zwischen Honfleur und Cabourg. Niemals hätte ich so viel normannisches Landleben zu sehen bekommen, wären nicht diese samstäglichen Trödelausflüge gewesen. Meistens besuchen wir zwei, drei Orte, die auf dem Weg liegen.

Beuvron-en-Auge ist ein Prachtstück von einem normannischen Dorf. Würde man die Autos und die bunt gekleideten Menschen mit einem Zauberstab verschwinden lassen, könnte man sich ins 19. Jahrhundert versetzt fühlen: zwei Hauptstraßen, ein kleiner baumbestandener Platz, Fachwerkhäuser, so weit das Auge reicht, eine Kirche, ein Gasthaus, ein Herrenhaus. Eine Filmkulisse. Jeden Moment könnte die Gattin des Arztes oder des Rechtsanwalts oder des Bürgermeisters aus dem Haus treten, im bodenlangen, ausgestellten Reifrock, mit züchtiger Haube über den zusammengebundenen Haaren, um beim Schlachter Fleisch für das Mittagsmahl einzukaufen. Keine von ihnen würde etwas anderes wollen als das beschauliche Leben, das sie führen. Sie leiten das Dienstpersonal an, nähen, ziehen Kinder auf, sind dem Mann eine gute Ehefrau. Zwei-, dreimal im Jahr wird ein Ball veranstaltet, wo die Damen ihre Kleider ausführen und den neuesten Tratsch austauschen. Ihre Fantasie reicht nicht aus, um an Ehebruch auch nur zu denken. Emma Bovary ist das Hirngespinst eines Schriftstellers.

Der gesamte Ort hat sich in einen Trödelmarkt verwandelt. Wir sind ziemlich spät dran, als wir um halb elf einen Parkplatz suchen, aber nicht finden. Weit außerhalb auf einer Wiese stellen wir das Auto ab und reihen uns in den Menschenstrom ein, der auf das Zentrum zusteuert. Dort trennen wir uns, damit jede allein auf Entdeckungstour gehen kann. Möbel und schmiedeeisernes Kunsthandwerk lasse ich links liegen. Die Keramik scheint mir jüngeren Datums zu sein, Schallplatten interessieren mich nicht, Lampenschirme ebenso wenig. Auch die kulinarischen Angebote der Region wie Käse, Honig oder Wurstwaren können mich nicht zum Kauf bewegen. Bis ich einen Stand mit alten weißen Leinenstoffen entdecke und mit Herrennachthemden, wie sie vor über hundert Jahren modern waren, ein wenig fadenscheinig, aber einwandfrei. Auf einem finde ich die gestickten Initialen V.H. und bin auf der Stelle davon überzeugt, dass dieses Kleidungsstück einst Victor Hugo gehörte. Auf seinen Reisen durch die Normandie hat der Dichter das Schlafgewand in einer Herberge vergessen. Es war unter das Bett gerutscht und damit den Augen des Reisenden entzogen, als der seine Tasche packte. Die Wirtin fand es beim Aufräumen des Zimmers, und da sie um die Berühmtheit ihres Gastes wusste und stolz war auf dessen Besuch in ihrem Gasthaus, bewahrte sie das Hemd als Erinnerungsstück auf, nicht ohne den eigennützigen Gedanken, das Teil könne einmal als eine Art Reliquie einen gewissen Wert erlangen. In einer Truhe auf dem Dachboden überdauerte es die Zeit und die Wirtin. Die Urenkel, die das Haus verkauften, fanden die Truhe beim Entrümpeln und wollten den alten Plunder nur noch loswerden. Für acht Euro erstehe ich das Nachthemd von Victor Hugo, das noch heute in meinem Besitz und in Gebrauch ist. Natürlich könnte V.H. auch Vincent Hénault oder Valentin Hubert oder was auch immer bedeuten, aber gegen meine Überzeugung haben diese Theorien keine Chance.

Milène winkt und wedelt mit einem schwarzen Hütchen in der Hand, der Beute ihres ersten Rundgangs. Ich erzähle ihr von meinem Victor-Hugo-Nachthemd, und im Gegenzug wartet sie mit der Geschichte dieser eleganten Kappe auf, an der Reste eines Schleiers wie ein schwarzes Netz befestigt sind, das ein Gesicht nicht etwa verbirgt, nur verschattet und die erotische Anziehung befeuert. In den Zwanzigerjahren hat sie einer schönen Tänzerin der Folies Bergère gehört, die ihre mahagonifarbenen wilden Locken damit zu bändigen versuchte. Als Mitglied im Ballettensemble erlebte sie die große Zeit des Revuetheaters mit Tanzstars wie Josephine Baker. Leider nahm es kein gutes Ende mit der jungen Frau, sie erkrankte an Tuberkulose, und da sie nicht in den Genuss des gerade erprobten Impfstoffs kam, starb sie an der Lungenkrankheit. Zuvor vermachte sie das schwarze Hütchen einer barmherzigen Schwester. Die fand es für ihre Verhältnisse zu mondän, aber zu schade, um es wegzugeben, und packte es mit anderen untragbaren Kleidungsstücken in eine Kiste. Nach der Heirat zog die Krankenschwester mit ihrem Ehemann in dessen Heimat, und so landete die Kiste samt schwarzer Kappe auf einem normannischen Dachboden. »Et voilà«, sagt Milène und setzt das Hütchen auf ihren blonden Schopf.

Wir gehen gemeinsam ein zweites Mal über den Markt. Milène probiert einen alten Nerzmantel an, der stark nach Mottenpulver riecht und abgeschabte Stellen aufweist. Ich rate vom Kauf ab, allein wegen der möglichen Anfeindungen, auf die Pelzträgerinnen gefasst sein müssen. Aber sie sieht sich bereits im Winter mit dem Nerz am Meer herumlaufen – Pelz wärmt am besten, und er ist ja schon alt – und meint, durch eine Reinigung den Geruch beseitigen zu können. Für fünfzehn Euro wechselt der Mantel die Besitzerin. Milène unterhält sich lange mit jedem Verkäufer und jeder Verkäuferin und füllt so ihren Vorrat an Geschichten, die sie mit Fantasie anreichert, stets neu auf. Mich entzückt ein Set von sechs kleinen Gabeln mit Silberziselierung und Griffen aus Perlmutt. Der Preis ist relativ hoch, ich versuche zu feilschen, aber der Verkäufer bleibt hart, und ich nehme die Gabeln zu seinen Bedingungen.

Auf unseren Überlandfahrten machen wir gern halt in Gasthöfen, die eigentliche keine mehr sind, Familienbetriebe, die nur am Sonntag für Ausflügler geöffnet haben. In der Woche lohnt es sich nicht. Die Auswahl an Speisen ist gering, mal ein Eintopf, mal Omelette, aber der Geschmack des Gemüses und der Eier unvergleichlich, weil alles aus dem hauseigenen Garten und von den im Hof herumlaufenden Hühnern stammt.

Langsam tuckern wir über die Dörfer zurück. Milène hat den Kalender dabei, der selbst kleinste Gemeinden verzeichnet. Dort läuft das Ereignis nicht unter Flohmarkt, sondern unter *vide-grenier*, was so viel bedeutet wie »den Dachboden leeren«. In jedem Dorf halten wir an, nehmen die Stände auf dem örtlichen Fußballplatz oder vor der Kirche in Augenschein und kramen in Bergen von Kinderkleidung, Haushaltsgeräten, Selbstgenähtem und Selbstgestricktem. So manches Glas Marmelade einer normannischen Hausfrau wandert in unseren Korb, Pflaume, Apfel oder Karamellcreme mit Salzbutter. Und immer sind wir nach dem Kosten überzeugt, noch nie eine so gute Konfitüre gegessen zu haben.

Am ergiebigsten stellt sich der Flohmarkt von Dives-sur-Mer heraus. Wegen der Fülle an Porzellan, Keramik, Besteck und Wäsche vermuten wir, dass die alten Grands Hôtels in der Nähe den Markt mit ihren veralteten, nicht mehr benötigten Beständen bestücken. Waschschüsseln mit Krügen, Nachttöpfe, Tischdecken, Servietten, Messer, Gabeln, Töpfe, kupferne Pfannen, Bettzeug, ein Paradies für Sammler. Milène ist kaum zu bremsen, obwohl wir uns vorher geschworen haben, uns gegenseitig zur Zurückhaltung zu ermahnen. Man braucht die Dinge nur anzusehen, und sie erzählen Geschichten. So eine Waschschüssel mit Jugendstilmotiv habe ich im Marcel-Proust-Zimmer im Hotel in Cabourg gesehen. 1907 gab es zwar schon fließendes Wasser, aber vielleicht hat man in einer Übergangszeit beides benutzt. Wir finden Tischdecken mit den gestickten Initialen G.H., was ich als »Grand Hôtel« deute. Eine von diesen fadenscheinigen Leinendecken kaufe ich, wohl wissend, dass sie ihre Aufgabe nicht mehr zu erfüllen vermag. Aber ich möchte mir vorstellen, dass sie den Tisch, an dem Marcel Proust seine Seezunge aß, bedeckte, dichtes Leinen, schneeweiß und frisch gebügelt. Unseren Schwur brechen wir beide, und auf der Rückfahrt ist das Auto vollgestopft mit unseren Schätzen. Ich konnte einer Suppenschüssel mit dazugehöriger Schale nicht widerstehen. Beide zeigen auf weißem Untergrund in blauer Zeichnung einen im Wasser auf einem Bein stehenden Kranich, umgeben von Wasserpflanzen, einer Libelle und einem auf einem Zweig sitzenden Vogel. Die Suppenschüssel mit Deckel dient mir heute zum Lagern von Kartoffeln, die Schale ziert meinen Küchenschrank. Teller, Tassen, Schüsseln, Messer, Gabeln, große Teile meines Hausstandes stammen von Flohmärkten der Normandie. Bei jedem einzelnen Stück erinnere ich mich, wie und wo ich es erstanden habe. Auf meinem Esstisch liegt eine alte Kachel, die in irgendeiner Küche an der Wand geklebt haben muss. Sie zeigt einen Vogel mit ausgebreiteten Flügeln, der gerade zum Landen auf einem Zweig ansetzt.

Mit den Flohmarktausflügen eng verbunden sind die Abende bei Milène, wenn wir an ihrem runden Tisch sitzen, bei Miesmuscheln oder Fischsuppe, über unsere Errungenschaften sinnieren und uns Geschichten erzählen, die die Dinge uns eingeflüstert haben. Es wird dunkel, Sterne funkeln über dem Meer, die Fischerboote blinken in der Ferne und im Osten die Lichter von Le Havre. Einmal, am 14. Juli, erleben wir auf unserem Logenplatz mit Meerblick das grandiose Feuerwerk zum Nationalfeiertag, das in der ganzen Bucht von Cabourg bis Le Havre gezündet wird.

Im Lauf der Jahre kehrten wir immer öfter enttäuscht von unseren Beutezügen zurück. Schöne alte Stücke fanden wir kaum noch, die Zahl der professionellen Händler nahm zu, Kunsthandwerk machte sich breit, wie man es auf Weihnachtsmärkten findet. Unsere Lust auf Landpartien schwand. Eines Tages berichtete Milène, sie habe gehört, dass in Russland, nicht weit von Moskau entfernt, die Städte Trouville und Deauville als Kopie nachgebaut worden seien, als Luxusdomizil für Reiche. Zwar fehle das Meer, aber es gebe einen See und ein französisches Restaurant, und architektonisch gleiche der Klon aufs Haar dem Original. Und deshalb glaube sie, Milène, betuchte Russen hätten die normannischen Antiquitäten aufgekauft, um ihr kopiertes Heim damit originalgetreu auszustatten. Hätte sie von Chinesen gesprochen, ich hätte ihr aufs Wort geglaubt, die chinesische Kopierfreudigkeit ist bekannt. Aber Russen? Ich tat die Neuigkeit als Gerücht ab. Bis ich im Internet nachforschte und Milènes Nachricht bestätigt fand. Die Fotos und Videos auf der Homepage des Betreibers, eines Unternehmens für Elitevorort-Immobilien, beweisen es: Eingefügt in russische Laubwälder, erhebt sich ein Trouville, ein Deauville, das vom Original kaum zu unterscheiden ist. Aber es wirkt leer, unbevölkert, wie eine Geisterstadt oder eine Kulisse. Ich wüsste gern, wie Russen dort leben und ob sie sich der Tatsache bewusst sind, dass diese Städte in Frankreich existieren, oder ob das gar keine Rolle spielt, Frankreich oder Italien oder Spanien, egal, Hauptsache, Luxus. Vielleicht sollte man es als Vorteil ansehen, eine Kopie in der Hinterhand zu haben für den Fall, dass die Badeorte an der Kanalküste eines Tages komplett abgerissen und, um für den Megamassentourismus gerüstet zu sein, in größerem Maßstab und in der Architektur des 21. oder 22. Jahrhunderts neu errichtet werden. Dann könnte ein Besuch in der Umgebung von Moskau Historikern und Nostalgikern einen Eindruck vermitteln, wie es aussah, früher, vor langer Zeit, als es noch Flohmärkte gab.

La mer

Nach vielen Jahren in Hélènes Studio habe ich im Hôtel des Roches Noires die Wohnung gewechselt. Der Verkehr auf der kleinen Straße hatte zugenommen, der Lärm war im Sommer unerträglich geworden. Am Wochenende kurvten hupende und schreiende Autofahrer den halben Tag herum, um nach einem Parkplatz zu suchen, den es nicht gab. Laute Musik aus offenen Fenstern. Ich wollte Meerblick und Ruhe und zog um in eine Zweizimmerwohnung im dritten Stock, deren Besitzerin ich kannte. Mehr Platz, eine richtige Küche, ein Schlafzimmer. Und das Meer in Sichtweite, immer, zu jeder Tages- und Nachtzeit. Seine irritierende Wirkung hatte ich unterschätzt. Es zieht mich an, es veranlasst mich, Tätigkeiten zu unterbrechen und mich ihm zuzuwenden. Es zwingt mich ans Fenster und zeigt sich in seiner Schönheit und seiner gewaltigen Kraft. Je nach Sonneneinstrahlung ändert es die Farbe wie ein Chamäleon, von Grün über Türkis bis Ultramarinblau, grau ist es bei Regen und nachts schwarz. Schaumgekrönte Wellen oder eine spiegelglatte Fläche. Ich beobachte die Abfolge von Ebbe und Flut und die Priellandschaft, die bei abfließendem Wasser langsam entsteht. Ich stehe da am Fenster und vergesse die Zeit. Das Meer ist mir nah, und ich befinde mich in sicherer Entfernung, eine ideale Position.

Zum Meer habe ich ein zwiespältiges Verhältnis. Ich finde es schön und faszinierend, ich mag die Offenheit und die Unbegrenztheit. Der Atem fließt freier. Aber es macht mir auch Angst. Unberechenbar und wechselhaft, verwandelt es sich plötzlich in ein reißendes Tier. Sturmfluten, Tsunamis und Überschwemmungen zeugen davon. Man darf sich nicht täuschen lassen von der Sanftheit, mit der es an lauen, windstillen Sommertagen die Badegäste einlullt. Wie ein Tiger kann es emporschnellen und zum vernichtenden Schlag ansetzen. In der Antike stellten sich die Griechen das Meer als Spielball des mächtigen Poseidon vor. Stilles Wasser, wenn der Gott gute Laune hatte, bei Verärgerung hoher Seegang. Wissenschaftlich nicht haltbar, aber ein schönes Bild. Und wie übel Poseidon dem armen Odysseus mitspielt. Auf der anderen Seite würde es ohne den Herrscher der Meere gar keine *Odyssee* geben, dann wäre der Held abenteuerlos nach Hause geschippert.

Ich lernte dem Meer zu misstrauen, als ich etwa acht Jahre alt war. Die Sommerferien verbrachte ich mit Großmutter und Bruder immer auf Amrum, wir hatten Verwandte dort. Das ganze Jahr über freute ich mich auf diese sechs Wochen. Bei Ebbe am endlos scheinenden Strand mit Eimer und Schaufel, Burgen bauen, Muscheln suchen und in der Brandung stehen. Bis zum Bauch im Wasser, wenn die Wellen an den Körper klatschen. Wir Kinder uns selbst überlassen, die Großmutter lesend im Strandkorb. Eines Tages war der Wellengang stärker, abfließendes Wasser, vielleicht eine Strömung, vielleicht hatte ich mich weiter hinausgewagt. Die Wellen warfen mich um, es zog mir den Boden unter den Füßen weg und spülte mich nicht etwa an den Strand, sondern hinaus ins Weite. Angst, Panik, Luftschnappen. Das Fahrtenschwimmerabzeichen nutzte mir nichts, ich fühlte mich völlig machtlos dieser Kraft ausgeliefert, die mich hin- und herschleuderte. Als würde eine Katze mit einer Maus spielen, bevor sie sie tötet. Ich weiß nicht, wie es geschah, irgendwann hatte das Meer genug von mir und ließ mich als zusammengerolltes Bündel am Strand zurück. Ich hustete und spuckte, aber sonst war ich unversehrt. Keiner schien etwas gemerkt zu haben. Mein Bruder bastelte an seiner Sandburg, meine Großmutter saß arglos in ihrem Strandkorb. Vielleicht war nur eine Minute vergangen, für mich war es eine Ewigkeit. Die Welt sah aus wie vorher, aber sie war es nicht mehr, sie war brüchig geworden. Eine Macht wie das Meer konnte mich von einer Sekunde zur anderen vernichten. Ich erzählte niemandem von diesem Erlebnis. Von da an wollte ich nicht mehr baden. Meine Großmutter verstand meinen Sinneswandel nicht. Erst ist sie nicht aus dem Wasser zu kriegen, dann setzt sie keinen Fuß mehr hinein, berichtete sie meinen Eltern, als wir wieder zu Hause waren. Da ich aber nach wie vor ins Schwimmbad zum Schwimmtraining ging, hielt man es nicht für nötig, meiner plötzlichen Wasserscheu nachzugehen. Mein Verhältnis zum Meer jedenfalls blieb ambivalent – große Anziehung, große Bedenken. Auch wenn ich später im Atlantik, im Mittelmeer, im Indischen Ozean schwamm, das Eintauchen ins Wasser blieb mit Vorsicht und Misstrauen verbunden. Irgendwann überließ ich dem Meer nur noch meine Füße, das betraf die Nordsee ebenso wie den Ärmelkanal.

In Trouville zeigte mir das Meer ein weiteres Mal, dass mit ihm nicht zu spaßen ist, wenn man sich nicht an seine Gesetze hält. Ich sitze nachmittags im Garten auf der Bank und lese. Es ist Sommer und warm und das Meer wie ein ruhiger Teich. Der Wasserstand? Noch Ebbe. Vielleicht schon auflaufendes Wasser, aber noch weit entfernt. Zeit genug, um bis zu den schwarzen Felsen zu laufen. Diese Gesteinsformation bildet ein Nadelöhr, das man passieren muss, um zum nächsten Strandabschnitt zu gelangen, der schmaler ist und begrenzt durch die Steilküste. Oben befindet sich ein Campingplatz. Geht man bei beginnender Ebbe los, schafft man es bis nach Villerville, dem nächsten, zwei, drei Kilometer entfernten Ort.

Den Badestrand hinter mir lassend, passiere ich die Segelschule und erreiche die schwarzen Felsen. Das Brackwasser, das sich in den Mulden angesammelt hat, riecht nach Tang, winzige Fische tummeln sich darin. Möwen zerschmettern mit ihren Schnäbeln Muscheln auf den Steinen, um das weiche Tier im Innern freizulegen. Ich habe mein Ziel erreicht und sollte wie geplant den Rückweg antreten. Warum ich, normalerweise die Vorsicht in Person, bedenkenlos meinen Spaziergang fortsetze, ist mir im Nachhinein ein Rätsel. An diesem Tag vergesse ich Vernunft und Besonnenheit. Ich sehe das Meer näher kommen und schreite dennoch fort. Außer mir keine Spaziergänger mehr. Und ich immer weiter. Bis ich es merke, bis meine Waden umspült werden. Da erst drehe ich um und werde mir bewusst, in welcher Situation ich mich befinde. Mein Herz klopft, ich renne. Das Wasser reicht mir bis zum Knie, als ich wieder bei den schwarzen Felsen ankomme. Keine Chance mehr, hindurchzugelangen. Gurgelnd und schäumend schneidet mir das Meer den Weg ab. Meine gesamte Energie setze ich ein gegen die Wasserkraft, laufe zurück und erreiche die Treppe, die zum Campingplatz führt, bevor der ganze Strandabschnitt von Wasser bedeckt ist. Oben lasse ich mich ins Gras fallen und keuche, als hätte ich einen Marathon hinter mir. Was hätte ich tun können? Die Rettung anrufen? Mein Handy liegt zu Hause auf dem Schreibtisch. Was hat mich dazu verleitet, mich wissend und sehenden Auges in Gefahr zu begeben? Ich kann es mir auch jetzt, während ich mich erinnere, nicht erklären. Aber die Angst spüre ich so lebhaft wie damals. Im Garten finde ich mein Buch auf der Bank, wo ich es zurückgelassen habe. Es ist Victor Hugos Roman *Die Arbeiter des Meeres*.

Schon als Jugendliche las ich mit Vorliebe Seefahrerromane, was meine Überzeugung, das Meer sei unberechenbar und gefährlich, noch verstärkte. Die Geschichten gehen selten gut aus. Vom Schiffbruch wird da erzählt, von Monsterwellen und tückischen Strömungen, vom Kampf mit Riesenkraken oder Walen, von Haien, die Rettungsboote umkreisen. Klar, dass man diese Hochseetiere in Ufernähe kaum antrifft. Dennoch verspüre ich keine Lust auf ein Bad, denn selbst harmloseren Wasserwesen wie Fischen, Quallen, Muscheln oder Algen möchte ich nicht begegnen. Noch weniger den Dingen, die nicht dort hingehören und die in den letzten Jahren überhandgenommen haben. Vom Meer wieder ausgespuckt, liegen sie am Strand herum, wo sie von kommunalen Arbeitern eingesammelt werden: Plastikflaschen, Verpackungsmüll, Glas, Styropor.

Sowenig mir das Baden behagt, so sehr genieße ich die Spaziergänge am Strand. In meiner neuen Wohnung brauche ich keinen Tidenhubkalender mehr, ein Blick aus dem Fenster genügt. Nach ein paar Tagen kann ich unterscheiden zwischen auflaufendem und ablaufendem Wasser. Kurz bevor der Niedrigststand erreicht ist, gehe ich los, mit Gummistiefeln im Herbst oder barfuß im Sommer. Am liebsten sind mir die frühen Morgenstunden. Ich streife allein durch Priele und über Sandbänke, mit dem erhabenen Gefühl, ein neues Land zu betreten, auf das vorher noch nie jemand seinen Fuß gesetzt hat. Ich bin der erste Mensch auf dieser vom Meer erschaffenen Welt, staunend und ehrfürchtig. Ein flüchtiger Fußabdruck im Schlick, verschwunden, sobald man sich umdreht.

Die ersten Funde ergeben sich zufällig. Etwas weiß Schimmerndes, halb im Sand verborgen, ein orangefarbener Zackenkamm. Ich ziehe die Gebilde aus Kalk aus dem feuchten Boden, die großen fächerförmigen Schalen der Jakobsmuschel. Ihre Schönheit überwältigt mich. Wer immer diese perfekte Form entworfen hat, war ein ästhetisches Genie. Bald gehe ich gezielt auf die Jagd nach ihnen, kenne die bevorzugten Anlandestellen, scharre mit dem Fuß im Schlick, sobald sich eine weiße Wölbung zeigt, bin enttäuscht, wenn ich nur eine Herzmuschel zutage fördere. Früh am Morgen habe ich oft Glück. Meine Funde füllen allmählich Kisten und Kästen, und ich beginne, die mit Eifer gesammelten Gebilde zu verschenken. Alle Freunde und Bekannte bekommen Jakobsmuscheln als Mitbringsel von der Kanalküste, ein nutzloses Geschenk, degradiert zum Aschenbecher oder Vorspeisenschälchen. Bei mir zieren die Wunderwerke der Natur die Fensterbank und erinnern mich täglich an die morgendlichen Streifzüge am Strand von Trouville.

Namensgeber der Muschel ist der heilige Jakobus, der als Schutzpatron der Pilger gilt. Soweit bekannt ist, wurde der Jünger Jesu um 44 n. Chr. im Rahmen der Christenverfolgungen in Jerusalem hingerichtet. Im 9. Jahrhundert haben die Spanier den Apostel für sich entdeckt und Legenden um ihn gesponnen. Sein Leichnam soll in einem unbemannten Schiff an der galicischen Küste angelandet sein. Diese Gebeine habe man dann an der Stelle des heutigen Santiago de Compostela begraben. Einen Heiligen konnten die Spanier damals im Kampf gegen die Mauren und andere Feinde des Christentums ziemlich gut gebrauchen. Sie erhoben Jakobus zum Schutzpatron der Krieger und schrieben ihm einige Siege zu. Vom Krieger zum Pilger und umgekehrt ist es kein großer Schritt, wie man von den Kreuzzügen her weiß, weshalb dem Apostel auch gleich noch das Patronat der Pilger überantwortet wurde. Wann allerdings die Muschel ins Spiel kam und Jakobus als Attribut zugeeignet wurde, ist nicht überliefert. Vielleicht liegt des Rätsels Lösung darin, dass die Pilger im Mittelalter die gewölbte Schale zum Wasserschöpfen verwendeten, und als Jakobus dann zu ihrem Schutzpatron ernannt wurde, bekam auch er dieses nützliche Utensil zugeteilt. So wurde die Muschel zur Jakobsmuschel und als solche zum Symbol der Pilger und Pilgerorte, allen voran Santiago de Compostela. Der Muschel kann es egal sein, ihr offizieller Name lautet Pectinida oder Kammmuschel. Und tatsächlich erinnert die Form an einen kostbaren Kamm, der das Haar einer Dame schmückt.

Mit der Zeit wurden meine Funde seltener, und die Exemplare, die angespült wurden, zeigten Spuren von Verschmutzung. Das strahlende Weiß hatte sich in ein von Öl gefärbtes Schwarz verwandelt und zeugte von der zunehmenden Verunreinigung der Meere. Meine Sammelleidenschaft ließ nach, die mitleiderregenden Schalen machten mich traurig. Zum Glück verfüge ich über einen beträchtlichen Vorrat.

Fast ein Hund

Frau mit Hund. Meine Freundin Lydie besucht mich mit ihrem Golden Retriever Ultimo. Sie lebt inzwischen in Paris, nachdem sie ihr Gästehaus in Trouville verkauft hat. Lydie ist diejenige, die das Hotel von Madame Colette, meine erste Bleibe in Trouville, gekauft und zu einem *chambre d'hôtes* umgebaut hatte. Ich klingelte eines Tages beim Maison Jules, wie es nun hieß, aus Neugier, um zu erfahren, was aus dem Hotel geworden war. Die schlanke, brünette Frau, die mir die Tür öffnete, schien in meinem Alter zu sein. Wir mochten uns auf den ersten Blick. Sie führte mich durchs Haus, das ich ja kannte, das aber nun ein anderes Gesicht bekommen hatte. Das Erdgeschoss war zu einem großen Salon umgestaltet, mit Couch und Sesseln vor dem Kamin, in der Nische vor dem Innenhof zwei kleine Tische mit Stühlen, wo die Gäste ihr Frühstück einnehmen konnten. Im ersten Stock befanden sich zwei zu vermietende Zimmer, geschmackvoll renoviert mit je einem Badezimmer. Das obere Geschoss, da, wo Madame Colette mich untergebracht hatte, hatte Lydie zu einer Wohnung für sich und ihre neunjährige Tochter ausgebaut. Ein neues Leben, sagte Lydie, sie habe länger in London gewohnt, stamme aber aus Rouen und wolle nun in Trouville sesshaft werden. Der Umbau sei gerade fertig geworden, jetzt warte sie auf Gäste.

Während sie mich durchs Haus führte, folgte uns ihr sechs Monate alter Golden Retriever Ultimo auf Schritt und Tritt, wuselte um unsere Beine herum und sah mit seinen braunen unwiderstehlichen Retrieveraugen zu uns herauf. Aus seiner Schnauze hing ein Spielzeug, eine halb zerfressene Puppe, die er mir vor die Füße legte, in der Erwartung, dass ich sie in die Hand nahm und hin- und herschwenkte, um sie mir wieder zu entreißen.

»Wenn du mit ihm spielst, wirst du ihn nicht wieder los«, sagte Lydie.

Ich wollte ihn nicht wieder loswerden, im Gegenteil, er hatte mein Herz schon gewonnen. Ich hielt die Puppe fest, er zerrte an ihr und stieß dabei gurgelnde Geräusche aus. Es wurde ein langer Nachmittag. Tochter Chloé kam vom Schwimmen nach Hause. Ich wurde zum Essen eingeladen, Spaghetti mit Tomatensauce, Chloés Lieblingsessen, nicht gerade französisch, wie Lydie anmerkte. Wenn Ultimo vom Spielen erschöpft war, legte er sich auf den Rücken und ließ uns seinen Welpenbauch streicheln.

Manchmal beginnen Freundschaften, ohne dass man es merkt, sie entwickeln sich langsam und bedächtig, brauchen Zeit und gemeinsame Erlebnisse. Nicht so bei Lydie und mir. Beide wussten wir sofort, dass hier eine Freundschaft begann, die halten würde, die wir pflegen würden durch alle Untiefen des Lebens hindurch. An diesem Nachmittag ahnten wir nicht, welche Klippen in den kommenden Jahren zu umschiffen sein würden. Zum Glück. Wir waren fröhlich, und ich hatte das Gefühl, in eine intakte Gemeinschaft von Frau, Kind und Hund geraten zu sein. Lydie begleitete mich zum Hôtel des Roches Noires, am Strand entlang mit Ultimo, der, ganz gegen die Natur eines Retrievers, Wasser misstraute und das Meer mied.

In den Wochen danach trafen wir uns mehrfach, gingen mit Ultimo spazieren, tranken etwas im Central oder kauften uns bei den Fischhändlern eine Tüte Crevetten und verspeisten sie am Strand. Ultimo bekam die Schalen, die er knackend zerkaute.

Als Kind hatte ich immer einen Hund an meiner Seite gehabt, erst einen Dackel, dann einen Mischling, dann wieder einen Dackel. Auf Fotos, die mich als Dreijährige im Schnee zeigen, zieht der Mischling den Schlitten, auf dem ich sitze. Er hieß Rino, und meine Familie überließ mich seiner Obhut bedenkenlos. An sonnigen Tagen, so wurde erzählt, habe man den Kinderwagen in den Garten unter den großen Birnbaum gestellt, und Rino sei nicht von meiner Seite gewichen. Nach Stunden, als man mich zu vermissen begann, habe man Kind und Hund in unveränderter Position vorgefunden. Was habe ich als Zweijährige in dieser Zeit gemacht oder gedacht? Konnte ich schon denken? Habe ich geträumt, geschlafen, die Birnenblüten betrachtet? Daran habe ich keine Erinnerung, aber die frühkindliche Erfahrung des Behütetseins durch einen Hund mag die Ursache dafür sein, dass ich mich, das klingt vielleicht etwas merkwürdig, Hunden verwandt fühle. Inzwischen gibt es alle möglichen Untersuchungen über Mensch und Hund, über genetische Übereinstimmungen, Umweltfaktoren, Sozialisation. Und man hat herausgefunden, dass Menschen, die in früher Kindheit einen Hund besaßen, sich später wieder einen anschaffen. Den Wunsch verspürte ich immer, aber in mein Leben passte kein Hund. Bis jetzt. Ich war infiziert. Mein Leben sollte für einen Hund passend gemacht werden. Hélène, die Besitzerin meines Studios, liebte Hunde und hatte nichts gegen einen Mitbewohner. Frankreich ist Hundeland, die meisten Franzosen verteilen ihre Zuneigung zu gleichen Teilen auf

Kinder und Hunde. Meine Vermieterin in Baden-Baden, die ich anrief, zeigte sich weniger begeistert, stimmte aber schließlich zu, überzeugt von meiner Entschlossenheit. Blieb noch der Redaktionsleiter, dem ich die Erlaubnis abzuringen hatte, meinen neuen Gefährten mit ins Büro zu nehmen.

»Es ist verboten«, sagte er knapp, »im gesamten Sender.«

»Ich weiß«, erwiderte ich, »du musst nur deine Augen schließen und ihn nicht sehen. Könntest du das tun?«

»Mach, was du willst, ich habe damit nichts zu schaffen. Wenn der Hausmeister Wind davon bekommt, kriegst du Ärger.«

In meiner Euphorie nahm ich das als halbes grünes Licht, und die andere Hälfte würde sich schon ergeben. Der Weg war geebnet, und ich sah mein künftiges Leben zu zweit in allen Einzelheiten vor mir, teils in Baden-Baden, teils in Trouville. Meine Reisen zwischendurch, nach Paris oder zu Recherchezwecken, blendete ich schlichtweg aus. Ich fragte Lydie nach der Herkunft ihres Retrievers. Sie war begeistert von meinem Plan und teilte Ultimo die Rolle des großen Bruders meines zukünftigen Welpen zu. Die Züchterin, verantwortungsvoll und seriös, betonte Lydie, wohne ganz in der Nähe, zwischen Pont-l'Évêque und Blangy-le-Château. Sie würde sie anrufen und mich zu ihr bringen.

Dass die Anschaffung eines Hundes in so deutliche Nähe rückte, machte mich etwas unruhig, glaubte ich doch, ich würde meinen Welpen aussuchen und auf der Stelle mitnehmen können. Sollte ich nicht Korb und Decke, eine Leine, einen Fressnapf kaufen? Ich bekam kalte Füße. Hatte ich alles bedacht? War die Entscheidung wirklich klug? Aber Lydie lachte mich aus. Die Welpen sind lange im Voraus bestellt, es gibt eine Warteliste und nur zweimal im Jahr einen Wurf. Meine

Anspannung wich, gelassen sah ich dem Besuch bei der Züchterin entgegen.

Die Landschaft um Blangy-le-Château gehört zu den schönsten, die ich in der Normandie gesehen habe, hügelig mit Wiesen und kleinen Wäldchen, Apfelbäumen, Hecken und Kuhherden. Lydie bog mehrfach ab, bis wir auf einem Höhenweg landeten. Ich hatte völlig die Orientierung verloren. Vor einem abgelegenen Waldgrundstück, von der Straße nicht einsehbar und mit einem Eisentor gesichert, stellte Lydie das Auto ab. Per Telefon kündigte sie unsere Anwesenheit an, und kurz darauf ertönte Gebell in jeder Tonhöhe, laut und dunkel, fiepsend, winselnd, aufgeregt. Am Tor erschien eine etwa vierzigjährige Frau von kräftiger Statur, bekleidet mit einer Latzhose, die Haare zu einem Zopf gebunden. Wir zwängten uns durch den Spalt im Tor, das sie für uns öffnete – und waren umgeben von zwanzig hellhaarigen Retrievern unterschiedlichen Alters, die an uns hochsprangen und unsere Füße am Gehen hinderten. Wie eine Zirkusdompteurin beherrschte die Züchterin die Meute. Sie breitete beide Arme aus und schritt voran, die Hunde folgten ihr wie die Hamelner Kinder dem Rattenfänger. Das Gebell verstummte allerdings erst, als wir am Haus ankamen und auf der Terrasse Platz genommen hatten. Auch die Meute kam zur Ruhe. Einer der jüngeren Hunde mit fast weißem Fell legte sich auf meine Füße, ein Zeichen der Zuneigung, dachte ich. Hatte ich nicht irgendwo gelesen, dass sich Hunde ihre Menschen aussuchen? Eine Illusion, erklärte die Züchterin, wie Menschen hätten Hunde unterschiedliche Charaktere, manche seien kontaktfreudig und allen Menschen zugewandt, andere hielten sich zurück. Der da, sagte sie und wies auf den auf meinen Füßen Ruhenden, würde am liebsten jedem auf den Schoß springen. Ich war also gar nicht gemeint. Woher weiß ich, dass ich gemeint bin, nur ich und niemand anderes? Die Frage hat mich schon bei Menschen beschäftigt, aber zu keiner befriedigenden Antwort geführt.

Die Züchterin fragte mich nun ausgiebig nach meinen Lebens- und Arbeitsgewohnheiten und ob ich mich genügend um einen Hund kümmern könne. Ich erteilte fast wahrheitsgemäß Auskunft, das halbe grüne Licht verschwieg ich. Sie wollte wissen, welches Geschlecht mein zukünftiger Begleiter haben sollte. Weiblich, sagte ich. Aha, *une fille, une douce fille*. Das gefiel mir, ja, ein sanftes Mädchen, keinen Rabauken, dem man die Flausen austreiben musste.

Der nächste Wurf sei erst wieder für Oktober geplant, sagte die Züchterin. »Diese Racker hier sind Zuchthunde oder reservierte Welpen, die noch abgeholt werden, oder Pensionshunde, deren Besitzer auf Mauritius oder den Seychellen Urlaub machen. Natürlich alle aus meiner eigenen Zucht. Der Oktoberwurf ist eigentlich auch schon vergeben. Aber manchmal zieht jemand zurück, und es wird ein Welpe frei.«

Lydie hatte sich inzwischen auf dem Rasen niedergelassen, umkränzt von einem Ring aus hellem Fell. Völlig entspannt lagen die Tiere neben und auf ihr. Wenn eins eine Lücke ließ, rückte das nächste nach. »Mein« Welpe ließ sich nicht stören und verweilte auf meinen Füßen. Vielleicht hatte die Züchterin doch unrecht. »Ja, gut«, sagte ich, »dann frage ich im Oktober noch einmal nach«, und gab der Züchterin meine Telefonnummer.

Zu Hause überkam mich eine gewisse Ernüchterung. Das passiert mir manchmal, dass ein Wunsch, der mich brennend heiß überfällt und nicht sofort erfüllt wird, eine Abkühlung erfährt, sodass die in weite Ferne gerückte Wunscherfüllung nicht mehr begehrenswert erscheint. Mein Denken setzt ein und damit ein Abwägen des Für und Wider, was die Möglichkeit einschließt, dass das Objekt der Begierde seinen Status als solches verliert. Wenn ich eine Statistik aufstellen sollte, welche Methode der Entscheidungsfindung nachhaltigere Ergebnisse oder anhaltendere Glückszustände hervorbrächte, sofortige Wunschbefriedigung oder langes Überlegen, würde ich scheitern. Mal so, mal so, würde ich sagen, und schließlich hat dabei auch das Schicksal seine Hand im Spiel, sodass man gar nicht immer Herr seiner Entscheidungen ist. Die Hunde-Entscheidung schob ich erst einmal auf.

Im Oktober besuchte ich die Züchterin erneut. Bis dahin imaginierte ich mir mein »sanftes Mädchen«, meine helle Normannin. Ich nannte sie Tilda und sprach mit ihr. Sie saß auf dem Rücksitz meines Autos, lag im Büro neben meinem Schreibtisch, lief auf meinen Spaziergängen neben mir her. Dadurch, dass viele Leute mit der Freisprechfunktion ihres Handys gewissermaßen vor sich hin reden, fielen meine Hundegespräche gar nicht weiter auf. Ein Luft-Hund hat einiges für sich: Er frisst nicht, hat keine Ansprüche, man kann ihn zwischendurch komplett vergessen. Aber er existiert eben nicht.

Es war ein goldener Oktober, eine Normandie wie gemalt. Wieder begleitete mich Lydie, und wieder kehrte ich ohne Welpen zurück. Kein Interessent war von seiner Bestellung zurückgetreten, also wurde ich aufs Frühjahr vertröstet.

Einen Tag später fragte mich eine Mitbewohnerin im Hôtel des Roches Noires, ob ich ihren Jack-Russell-Terrier für fünf Tage in meine Obhut nehmen könne. Tim sei äußerst verträglich und gehorsam. Ich kannte Tim nur von flüchtigen Begegnungen und war sofort einverstanden. Ein Hund auf Probe kann nicht schaden, dachte ich. Korb und Leine, Fressnapf und Futter wurden mir ausgehändigt.

Tim fremdelte vom ersten Moment an. Kaum waren wir allein in meinem Appartement, begann er zu jaulen und zu winseln. Beim Spaziergang am Strand ließ ich ihn von der Leine. Er stürzte sich bellend auf den ersten männlichen Strandgänger und verbiss sich in dessen Hosenbein. Seine Besitzerin hatte vergessen mir zu sagen, dass Tim Männer als seine Feinde ansah. Von da an blieb er angeleint, was ihm nicht behagte. Er schüttelte sich und zerbiss die Leine. Nachts verharrte er nicht in seinem Korb, sondern sprang in mein Bett, von dem ich ihn immer wieder verjagte. Es war ein Kampf, den ich nicht gewann und der mich meinen Schlaf kostete. Hinterher erfuhr ich, dass ihm in seiner gewohnten Umgebung das Bett nicht verwehrt wurde. Ich merkte, wie mich Aggressionen überkamen, und ertappte mich bei dem Wunsch, das Tier auszusetzen. Die fünf Tage haben wir beide nicht gut überstanden, Tim und ich.

Ich weiß nicht, ob es diese Erfahrung war oder die Vernunft, die meinen Hundewunsch verblassen ließ, bis er sich ganz verflüchtigte. Als mich die Züchterin kurz vor Weihnachten anrief und mir mitteilte, sie habe jetzt ein sechs Monate altes Retriever-Mädchen für mich, das jemand zurückgegeben habe, zog ich meinen Kopf mit einer Lüge aus der Schlinge. Ich hätte den Berner Sennenhund meines Bruders übernommen und keinen Bedarf mehr. Leider.

Ultimo ist fünfzehn Jahre alt geworden, hat zwischendurch in Paris gelebt und dann wieder in der Normandie. Lydie und ich haben zahlreiche Ausflüge mit ihm gemacht. Am liebsten fuhren wir in das verschlafene Städtchen Villerville, ein paar Kilometer von Trouville entfernt. Wir aßen im Cabaret Normand, wo Fotos an den Wänden hingen von den Dreharbeiten des 1962 produzierten Films *Ein Affe im Winter,* die in diesem

Lokal stattgefunden hatten. Kein Mensch kennt heute mehr den Film mit Jean Gabin und Jean-Paul Belmondo über zwei Alkoholiker, die ein Saufgelage veranstalten und in depressive Stimmung verfallen. Wir aber besorgten uns die DVD und schwelgten jedes Mal wieder in den langsamen Einstellungen und der Poesie einer Schwarz-Weiß-Normandie. Ich war zufrieden, mit Ultimo einen Trouville-Paris-Hund zu haben, der kein Baden-Baden-Hund wurde. Ein Normanne hätte sich dort vermutlich auch gar nicht wohlgefühlt, versuchte ich, mir meinen Verzicht schmackhaft zu machen. Aber so ganz glaubte ich mir das selber nicht.

Ein unwiderstehlicher Gentleman

Ich begegnete ihm an einem stürmischen Oktobertag. Der Wind peitschte den Regen über das Pflaster und setzte den wütenden Wellen Schaumkronen auf. Die Normandie von einer anderen Seite. Das Hôtel des Roches Noires fast menschenleer, kaum Ablenkungen, ideale Bedingungen für einen Schreibaufenthalt. Manchmal ging ich zur Nachmittagsvorstellung ins Kino. Der ehemalige Theatersaal gehörte zum Casino, 1912 erbaut für die Vergnügungen der Belle Époque, Varieté, Konzert, Theater. Man versank in roten Samtsesseln und erfreute sich an Stuck und Dekor des frühen 20. Jahrhunderts. Im Sommer wurden aktuelle Filme gezeigt, in der Wintersaison eine Mischung aus Neuproduktionen und Klassikern. Da ich mir nie vorher ansah, was gegeben wurde, war jeder Film eine Überraschung. Das Publikum bestand aus älteren Herrschaften, Herren und Damen aus Trouville, vor allem Damen, die denen ähnelten, die ich im Kurzwarenladen – Garne und Wolle – in der Rue des Bains abends beim gemeinsamen Stricken beobachten konnte. Außer den Spielhallen im Casino mit schrill piepsenden und blinkenden Automaten, die eine erstaunliche Anziehungskraft besaßen, gab es für die Bewohner im Winter nicht viel Abwechslung.

Das einzigartige Kino wurde zu meinem Leidwesen 2008

endgültig geschlossen. Ein paarmal sah ich mir danach Filme im Cinéma Morny in Deauville an, das über vier Säle und eine moderne Ausstattung verfügt. Es war nicht mehr dasselbe Vergnügen.

An diesem unwirtlichen Oktobertag hatten sich nur wenige vor die Haustür gewagt. Der Kinosaal war fast leer. Die Lichter verloschen. Ich rekelte mich im Sessel, die Wärme hüllte mich ein und machte mich schläfrig. Der Film trug den Titel *Arsène Lupin*, und ich hatte keine Ahnung, was mich erwartete. Die Handlung spielte um das Jahr 1900 herum und war haarsträubend wirr. Eine ominöse Bruderschaft, Bösewichter allesamt, ist hinter dem Schatz der Könige Frankreichs her. Auch ihre Gegnerin, die schöne alterslose Tochter des Magiers Cagliostro, will ihn in ihren Besitz bringen. Nur wer es schafft, die Rätsel zu lösen und den Code zu dechiffrieren, findet das Versteck. Es beginnt ein Wettlauf mit der Zeit, jede Partei versucht, die andere auszuschalten. Und da kommt nun er ins Spiel, Arsène Lupin, Meister der Diebe, Gentleman, Frauenbetörer, in allen Kampfkünsten bewandert und ein Verwandlungsgenie, ein Superman des frühen 20. Jahrhunderts. Er stellt alle Rivalen in den Schatten und entschlüsselt mit seiner Kombinationsfähigkeit das Geheimnis. Fast wäre er der boshaften Gräfin Cagliostro auf den Leim gegangen. In meinem Kinosessel bange ich um ihn. Ich lasse mich von ihm bezaubern, mit heißen Wangen verfolge ich seine Schachzüge und balle meine Fäuste, als er sich auf einem Kalkfelsen im Meer mit dem Oberbösen, der dazu auch noch sein Vater ist, einen Zweikampf liefert.

Wie im Abspann zu lesen war, handelte es sich bei dem Film um eine Literaturverfilmung. Gleich am nächsten Tag lief ich in die Buchhandlung in der Rue des Bains und fragte nach Arsène Lupin. Der Buchhändler kannte sich aus. Ein gewisser

Maurice Leblanc habe diese Kriminalromane geschrieben, ungefähr zur gleichen Zeit wie Conan Doyle seine Sherlock-Holmes-Geschichten. Sie seien ungeheuer populär gewesen, Bestseller damals. Die Figur habe die Leute fasziniert. Lupin sei ein bisschen Robin Hood, weil er die bestiehlt, die ihren Reichtum auf unanständige Weise erworben haben. Nur dass er die Schätze nicht an die Armen verteilt, sondern für sich behält. Und aus jeder brenzligen Situation gehe er als Sieger hervor, immer charmant und überlegen. Ich solle nach Étretat fahren, rät er mir. Im ehemaligen Wohnhaus des Autors Leblanc sei ein Museum eingerichtet, und dort an der Küste befinde sich auch der Aiguille genannte Kalkfelsen, die »Hohle Nadel«, in dem der Schatz der Könige versteckt gewesen sei.

Ich bestellte drei Lupin-Romane und war erstaunt, dass dieser Held so spät in mein Leben getreten war.

Am Samstag darauf fahre ich nach Étretat, etwa siebzig Kilometer nach Norden, über Le Havre an der Küste entlang. Regen und Wind haben sich am Vortag verzogen. Die Wolken machen der Sonne Platz, die die Landschaft in ein goldenes Licht taucht. Das Laub glüht rötlich-gelb, die schwer an den Zweigen hängenden Äpfel warten darauf, zu Cidre oder Calvados verarbeitet zu werden. Fast zwei Stunden brauche ich, bis das alte Seebad vor mir auftaucht. Étretat ist ein Ort der Sommerfrische. Jetzt im Herbst, selbst bei Sonnenschein, strahlt er etwas Verschlafenes aus, ein Hinweis auf die bald einsetzende Winterstarre. Der Eindruck wird auch durch die Ausflügler, die die Sonne am Strand genießen, kaum gemindert. Die Bucht von Étretat wird an beiden Seiten begrenzt von der Steilküste, an der Wind und Meer bizarre Kalkformationen geschaffen haben, Höhlen, Grotten, spitze Felsen. Auf der linken Seite erkenne ich die »Hohle Nadel«. Sie erinnert mich daran, dass ich bei allem Vergnügen, im Freien zu sein, meinen Helden und die eingeschränkten Öffnungszeiten des Clos Lupin nicht vergessen darf.

Die im anglonormannischen Stil gebaute Villa, das ehemalige Wohnhaus von Maurice Leblanc, ist von einem großzügigen Garten umgeben. Ich bin die einzige Besucherin, bekomme Kopfhörer ausgehändigt und trete durch eine knarrende Tür ein ins Arbeitszimmer des Schriftstellers. Der Raum ist schummrig, es riecht nach Staub. An diesem Schreibtisch hat Arsène Lupin das Licht der Welt erblickt.

Wie haben Sie das gemacht, Monsieur Leblanc? Wie haben Sie Ihre Figur gefunden? Wie konnten Sie sich all die verrückten Geschichten ausdenken?, möchte ich ihn fragen.

Als hätte er meine unausgesprochene Neugier vernommen, beginnt er in mein Ohr zu raunen: »Jede Nacht warte ich auf ihn. Wenn es Mitternacht schlägt, erscheint Lupin bei mir und erzählt mir seine neuesten Abenteuer. Das schreibe ich auf, nichts weiter.«

Ha, sage ich im Stillen, tun Sie doch nicht so, als sei Schreiben ein Kinderspiel, als müsse man nur zu Papier bringen, was ein anderer einem einflüstert. Schreiben ist Mühe und Lust und Qual zugleich und bringt einen nicht selten zur Verzweiflung.

Davon will mein unsichtbarer Gastgeber nichts wissen, er besteht auf seiner Version. Die Uhr schlägt zwölf, draußen schreit ein Käuzchen, und das Knattern eines Motorrads wird lauter. »Gehen Sie, gehen Sie weiter«, fordert mich der Schriftsteller auf, »er wird gleich hier sein.«

Gern wäre ich geblieben, um der Ankunft des Ersehnten beizuwohnen, aber eine Tür geht auf, und eine weibliche Stimme ermahnt mich, meinen Rundgang fortzusetzen. Ab jetzt spricht

Lupin selbst zu mir. Er führt mich durch den Salon mit da Vincis *Mona Lisa* und anderen Meisterwerken, Originalen selbstverständlich, die er im Louvre gegen Kopien ausgetauscht hat. Durch sein Ankleidezimmer mit Bärten, Perücken und Masken, die es ihm erlauben, sich in jede beliebige Person zu verwandeln. Durchs Arbeitszimmer mit Dechiffriermaschine bis zur Schatzkammer, wo Gold und Juwelen, Perlen und Kronen lagern. Er hat etwas Aufschneiderisches an sich, aber ich nehme ihm jedes Wort ab, das er mit einschmeichelnder Stimme in mein Ohr säuselt. Und bedaure, nicht eines der Opfer zu sein, die er charmant umgarnt, um ihnen im Handumdrehen das Collier oder das Armband zu entwenden. Sein Blick hätte mich gefesselt, sein Lächeln wehrlos gemacht. Wie ein Windhauch wäre er mir erschienen, den man auf der Haut spürt und der im nächsten Moment verweht. Wieder an der frischen Luft, sehne ich mich schon nach seiner Stimme zurück. Und habe Hunger.

Marie-Antoinette ist ein eher ungewöhnlicher Name für ein Restaurant, man denkt sofort an Hinrichtung und Guillotine. Aber vielleicht ist gar nicht *die* Marie-Antoinette gemeint, sondern die Frau eines Fischers, die früher an dieser Stelle Meeresfrüchte verkaufte, oder die erste Besitzerin des Restaurants. Jedenfalls lasse ich mich vom Namen nicht abschrecken, zumal auf der Speisekarte *morue* verzeichnet ist, eine normannische Spezialität, die nicht häufig angeboten wird. Es gibt im Ofen gebackenen Stockfisch mit Kräuterkruste, Kartoffeln und Tomaten, für einen Oktobertag genau das Richtige.

Nicht weit von hier, in Fécamp, informiert mich der Wirt, habe sich das Zentrum des Kabeljaufangs befunden. Im 19. Jahrhundert seien die Schiffe bis nach Neufundland gefahren. Den gefangenen Fisch hätten die Seeleute an Bord eingepökelt und getrocknet. Nicht selten hätten sie Schiffbruch erlitten und seien mit Mann und Maus gesunken. Aber Kabeljau habe es damals in Hülle und Fülle gegeben, der sei quasi aufs Boot gesprungen. Heute habe er sich rargemacht. Stockfisch zuzubereiten erfordere einen gewissen Aufwand, man müsse ihn lange wässern, um das Salz zu entfernen. Und die meisten Gäste würden Meeresfrüchte wie Garnelen oder Jakobsmuscheln und natürlich Austern bevorzugen. Mir schmeckt die *morue* vorzüglich. Beim Abschied erfahre ich dann, dass der Name des Restaurants doch auf *die* Marie-Antoinette zurückgeht. Die Königin liebte Austern, und die wurden aus der Bretagne nach Étretat gebracht, wo sie sich zwecks Verfeinerung des Geschmacks eine Weile in einem Austernpark aufhalten durften, bevor sie zum Verzehr nach Paris und an den Hof von Versailles gebracht wurden.

Am Nachmittag bin ich mit Monsieur Dejours verabredet, einem älteren Herrn, Maler und Bewahrer von Geschichten und Legenden, wie ich erfahren habe. Sein Haus befindet sich mitten im Ort, gegenüber vom Tourismusbüro. Ein kleiner, drahtiger weißhaariger Herr öffnet die Tür und lässt mich herein. Hier habe früher Pépita, Jacques Offenbachs Tochter, gewohnt, die mit dem Bürgermeister von Étretat verheiratet war, erklärt er. Leider erst nach dem Tod des Komponisten, sodass nicht davon ausgegangen werden könne, dass er selbst diese Räume je betreten habe. Schade, sagt Monsieur Dejours, ein erklärter Bewunderer des »Erfinders der modernen Operette«, er hätte gern mit dem Genius des Meisters unter einem Dach gelebt, na ja, mit einem klitzekleinen Stück. Wenn noch etwas vom Geist Offenbachs herumspuke, dann in der Villa Orphée, die er 1858 in Étretat erbauen und wo er *Orpheus in der Unterwelt* aufführen ließ. Bedauerlich, dass die Villa Orphée seit Langem leer stehe und allmählich verfalle.

Im Erdgeschoss des Hauses befindet sich Monsieur Dejours' Atelier, einfache Holzdielen, ein großer Tisch, zwei Sessel und jede Menge Bilder, die an den Wänden lehnen. Er male in Öl und in Pastell, sagt der Hausherr, vorwiegend Porträts, gern Schriftsteller, Musiker, Maler, aber auch Kinderporträts, meist seien es Auftragsarbeiten. Er weist auf ein stattliches Ölgemälde, zweifellos das Konterfei des Komponisten Offenbach mit Halbglatze, Backenbart und Kneifer, im Hintergrund seine Villa, die Felsen von Étretat und Möwen.

»Das ist eine Vorstufe zu dem Bild, das ich für das Rathaus von Étretat gemacht habe, für die Vereinigung der Freunde Offenbachs. Er hat so viel für die Stadt getan, er hat so viel Musikkultur nach Étretat gebracht, dass man ihm gut und gern ein Porträt schuldete«, bekräftigt der Künstler.

Ein anderes Bild zeigt den Schriftsteller Maupassant, den großen französischen Erzähler des 19. Jahrhunderts, der etwa achtzig Kilometer nördlich von Étretat auf Schloss Miromesnil geboren wurde. Über ihn weiß Monsieur Dejours Pikanterien zu erzählen. Maupassant habe hier auch ein Haus besessen, gleich um die Ecke. Er sei ein Schürzenjäger gewesen, jeder Frau hinterhergestiegen und deswegen dauernd in Streitereien geraten. Einmal habe er sich sogar mit seinem Freund geprügelt, die beiden hätten nämlich auf demselben Terrain gejagt. Und Maupassant sei ein großer Bordellgänger gewesen. Tja, die Syphilis, sein früher Tod, nur zweiundvierzig Jahre alt sei er geworden.

Monsieur Dejours verliert sich gern in Anekdoten. Ich frage ihn nach Maurice Leblanc und Arsène Lupin. »Du liebe Güte«, sagt er, »Leblanc muss ein bisschen verrückt gewesen sein, er hat tatsächlich geglaubt, seine Figur würde ihm die Feder führen und die Romane schreiben. Aber mit Lupin hat er einen

Prototyp der Belle Époque geschaffen, einen superb gekleideten Mann mit guten Manieren, der sich auf dem Parkett gesellschaftlicher Etikette glanzvoll bewegte und den Frauen den Kopf verdrehte. Nur moralisch war er nicht einwandfrei, denn er hat gestohlen und andere Verbrechen begangen. Aber immer charmant.« Ob er ihn gemalt habe, möchte ich wissen. Leblanc nie, von Lupin habe er Zeichnungen, sagt er und öffnet eine Mappe auf dem Tisch. Lupin mit Monokel und Zylinder, Lupin mit Bart und Kappe in einem Automobil, Lupin in eleganter Abendgarderobe. »Welche gefällt Ihnen am besten?« Ich muss nicht lange überlegen. Die, auf der Lupin besonders jungenhaft aussieht, das Cape über der Smokingjacke verleiht ihm etwas Ephemeres, als würde er geradewegs aus einer anderen Welt hereingeschwebt kommen. Im Hintergrund ist die »Hohle Nadel« zu sehen. Der Maler schreibt eine Widmung auf das Blatt, signiert und schenkt es mir. »Ich sehe«, sagt er, »dass Sie ihn wirklich mögen.«

Monsieur Dejours tischt Baguette mit Heringspaste auf und erzählt Geschichten aus Étretat. Von der Frau aus Fécamp, die hier nach Jahren ihren auf See verschollen geglaubten Mann wiederfand, höchst lebendig mit einer anderen Frau und Kindern an seiner Seite. Von einer Ertrunkenen, die allen Bewohnern gleichzeitig in einer bestimmten Nacht im Traum erschien. Oder die Legende von drei jungfräulichen Schwestern, die sich den Avancen eines Barons widersetzten und aus Rache von ihm in eine Felsengrotte gesperrt wurden. Nach drei Tagen ohne Essen und Trinken seien sie aus dem Leben geschieden. Zum Zeitpunkt ihres Todes habe eine Spaziergängerin drei Tauben aus dem Felsen in den Himmel flattern sehen. Die Grotte heißt heute noch Chambre des Demoiselles. Dieser Ort, sagt er und hebt seinen Zeigefinger, hat etwas Magisches. Manche Menschen, Dichter, Künstler, profitieren davon, er kann aber auch Unglück und Gefahr bringen.

Wenn ich es recht bedenke, habe ich in Étretat vom ersten Moment an eine gewisse Enge gespürt. Die Felsen der Steilküste an beiden Seiten der Bucht, so pittoresk sie sein mögen, begrenzen die Sicht auf weitere Küstenabschnitte. Im Sommer bei hohem Himmel mag das gut und schön sein, im Winter, kann ich mir vorstellen, legt sich Melancholie wie Mehltau aufs Gemüt. Wenn dann noch Nebel die Gegend einhüllt, muss man schon hartgesotten sein, um nicht in Schwermut zu verfallen. Kein Wunder, dass Aberglaube und Spukvisionen gedeihen wie Unkraut im Blumenbeet. Monsieur Dejours scheint zu den Hartgesottenen zu gehören. Er hat sein Leben in Étretat verbracht. Nein, er könne sich nicht vorstellen, woanders zu leben. Er sei Künstler, deshalb könnten ihm die Gespenster nichts anhaben, sie seien ihm wohlgesinnt.

Inzwischen ist es dunkel geworden, und ich habe noch die Fahrt nach Trouville vor mir. Auf keinen Fall solle ich die Strecke in der Dunkelheit zurücklegen, rät Monsieur Dejours und setzt schon an zu einer neuen Gruselgeschichte, womöglich von einem, der sich verirrte und die Klippen hinabstürzte. Dann unterbricht er sich und sagt kurz: »Bleiben Sie hier und fahren Sie morgen.« Er kenne die Besitzer eines kleinen einfachen Hotels am anderen Ende der Bucht, gegenüber der Hohlen Nadel, das auch Aiguille heiße, dort würde er ein Zimmer für mich reservieren. Außerdem würde er gern den Abend mit mir verbringen und mir etwas zeigen. Neben dem Malen habe er nämlich eine zweite Leidenschaft.

Das Zimmer wird gebucht. Monsieur Dejours greift seine Jacke vom Haken im Flur, eine dunkelblaue Seemannsjacke aus festem Wollstoff. »Möchten Sie auch etwas zum Überziehen?«, fragt er. Ich verneine und bereue die Entscheidung sofort, als wir das Haus verlassen haben. Die Wärme des Herbsttages ist einer abendlichen Kühle mit frischer Brise vom Meer her gewichen. Mein Begleiter merkt, dass ich fröstle. »Es ist nicht weit«, tröstet er. Er schlägt den Weg in Richtung Strandpromenade ein und steuert geradewegs auf das hässlichste Gebäude des ganzen Ortes zu, das Casino, eine Las-Vegas-Imitation *en miniature*. Als hätte er meine Gedanken erraten, erklärt Monsieur Dejours, dass die deutsche Besatzungsarmee während des Krieges die Gebäude der gesamten Promenade abgerissen hätte, um dort Wehranlagen zu errichten. Darunter sei auch das schöne alte Casino gewesen, Atlantikwall hätten die Nazis das Unternehmen genannt, eine über zweitausend Kilometer lange Verteidigungslinie mit Bunkern und Festungen, die eine Invasion der Westalliierten verhindern sollte.

Wieder regt sich in mir Scham über meine Landsleute. In fast jedem Küstenort der Normandie stößt man auf mehr oder weniger sichtbare Spuren ihres unrühmlichen Tuns, nicht nur an den Landungsstränden der Alliierten, wo zahlreiche Gedenkstätten und Museen an das Kampfgeschehen erinnern, mit dem das Ende des Zweiten Weltkriegs eingeleitet wurde.

Der ganze Komplex sei erst vor einigen Jahren fertiggestellt worden, sagt mein Begleiter, als wir vor der gläsernen Eingangstür angekommen sind. In dem wenig einladenden Restaurant, das an einen Schnellimbiss erinnert, sind tatsächlich einige Tische besetzt. Immerhin gestattet die durchgehende Fensterfront den Gästen einen Blick auf die Kreidefelsen. Monsieur Dejours hat anderes im Sinn und enthüllt mir seine bereits erwähnte Leidenschaft. Er spiele gern an Automaten, gesteht er, als wir in die mit rot gemustertem Teppich ausgelegte Halle eintreten. Empfangen werden wir von höllischem Lärm. Es piepst und rattert, quakt und schnarrt, und man versteht sein eigenes Wort nicht. Ich bin wie betäubt. Wie hält man es hier länger als fünf Minuten aus? Sollte ich jemals in der Hölle für meine Sünden büßen müssen, der Aufenthalt in einer Spielhalle wäre eine angemessene Strafe. Die Anwesenden scheint der Maschinenlärm nicht zu stören. Auf Barhockern vor den Glück verheißenden, blinkenden Ungetümen sitzen weißhaarige Damen und Herren und starren inbrünstig und erwartungsvoll auf die Anzeige, die Verlust oder Gewinn markiert. Monsieur Dejours drückt mir einen kleinen roten Eimer in die Hand, der halb gefüllt ist mit Jetons. Dann sehe ich von ihm nur noch den Rücken und die Hand am Hebel eines einarmigen Banditen. Mir ist klar, dass er nicht mehr ansprechbar sein wird, bis sich diverse Banditen den Inhalt seines Eimers einverleibt haben. Ich schiebe meinen Jeton in den Schlitz eines Automaten, der Bilder von Früchten anzeigt, Bananen, Kirschen, Zitronen. Ich soll einen rot leuchtenden Knopf drücken, um die sich drehende Walze anzuhalten. Ziel soll es sein, sie so zu stoppen, dass drei gleiche Fruchtsorten in den umrandeten Kästchen erscheinen. Nach fünf Durchgängen langweilt mich das Spiel entsetzlich. Der Automat tut, was er will, und ich habe nicht den geringsten Einfluss auf den Vorgang. Wahrscheinlich ist er so programmiert, dass die Früchte sich nur einmal im Monat in einer Reihe einfinden. Dann läge das Glück also darin, den Tag, die Stunde, die Minute zu erwischen, wenn genau das geschieht. Ich fühle mich betrogen, weil ich nicht mitspielen darf. Und letztlich sind mir die Kirschen, Bananen, Zitronen völlig egal. Bei der nächsten Maschine sollen Zahlen und Symbole zu einer Fünferreihe angeordnet werden. Das klappt ebenso wenig wie bei den Früchten, nur dass ich nicht einmal verstehe, wie die Reihenfolge aussehen soll. Am Ende von zehn verlorenen

Durchgängen wird mir in roter Leuchtschrift angezeigt, dass ich ein Freispiel gewonnen habe. Mitleid habe ich nicht verdient, finde ich und lasse das Geschenk ungenutzt. Ich schlendere herum und verstehe den Reiz, den diese Art von Beschäftigung ausübt, immer weniger. Wohl aber bleibt mir nicht verborgen, dass andere ihr verfallen sind. Eine winzige Dame mit der Statur eines Kindes, schwarzes Samtkleid mit weißem Kragen, die spärlichen weißen Haare zu einem Knoten gebunden, starrt gebannt auf die Anzeige. Ihr faltiges Gesicht weist rote Flecken auf, die Hand umklammert den Eimer. Während die Walze noch läuft, hält sie den nächsten Jeton schon zwischen zwei Fingern am Einwurfschlitz, um jeden Stillstand zu vermeiden. Klack, fällt er in den gefräßigen Schlund, und wieder keimt Hoffnung auf Glück auf. Vielleicht hat das Leben es nicht gut mit ihr gemeint.

»Ich glaube, Sie können die besser gebrauchen«, sage ich und schütte meine Jetons, die bei mir sicher nicht zum Einsatz kommen werden, in ihren Eimer. Ungläubig starrt sie mich an, aber in der nächsten Sekunde nimmt der Automat sie wieder gefangen. Angesichts der Poker- und Black-Jack-Maschinen denke ich sehnsüchtig an all die Filme, in denen Männer, selten Frauen, in verqualmten Kaschemmen an runden Tischen sitzen und um ihr Leben oder ihre Ehre oder zumindest um viel Geld pokern. James Bond, Cincinnati Kid oder Robert Redford in *Havanna* – man stelle sich die Helden mit einem Automaten als Gegenspieler vor, wie trost- und spannungslos. Monsieur Dejours kämpft immer noch mit seinem Banditen, der ihn offenbar bei Laune hält und ab und zu ein paar Jetons rausrückt.

»Alles verloren?«, fragt er mich, als er meinen leeren Eimer sieht. »Haben Sie sich trotzdem amüsiert?«

»Ja, sehr«, sage ich, »aber jetzt würde ich gern in mein Hotel gehen.«

»Immer die Promenade entlang Richtung ›Hohle Nadel‹, Sie können es nicht verfehlen.«

Ich bedanke mich und überlasse ihn seinem Glück.

Der Wind hat noch zugelegt. Schnellen Schrittes eile ich durch die Dunkelheit. Das kleine Hotel liegt am Fuß der Steilküste. Schwaches Licht dringt durch die Eingangstür. Ich klingle, und eine alte Dame öffnet.

»Sie kommen von Marcel?«

Ich nicke. »Eigentlich wollte ich nach Trouville zurückfahren, aber …«

»Besser, Sie bleiben«, sagt sie, »wir haben außerhalb der Saison keine Gäste. Mein Mann und ich sind zu alt für die Arbeit hier, nächstes Jahr verkaufen wir und ziehen nach Caen zu unserer Tochter. Folgen Sie mir nach oben. Ich gebe Ihnen das schönste Zimmer mit Blick auf die ›Hohle Nadel‹.«

Auf Übernachten bin ich nicht eingestellt, habe weder Schlafanzug noch Zahnbürste dabei. Vom Bett aus sehe ich die Spitze der »Nadel« und muss dann tatsächlich eingeschlafen sein.

In der Nacht erwache ich durch einen sanften Druck am Arm. Ich erschrecke nur kurz, verspüre dann keine Angst mehr. Ein Mann in dunklem Umhang, dessen Gesicht ich nicht erkennen kann, bedeutet mir wortlos, ihm zu folgen. Ich zögere nicht eine Sekunde und weiß, was zu tun ist. Ich halte mich an seinem Rücken fest, er breitet den Umhang aus wie Flügel, und wir erheben uns in die Luft. Er setzt mich vor der »Hohlen Nadel« ab, und ich weiß, dass ich den Weg ab jetzt allein gehen muss. Wie ich es im Arsène-Lupin-Film gesehen habe, finde ich den Steinquader, der ein Rad verbirgt, das, wenn man es dreht, den Eingang zur Höhle freigibt. Wenn ich erwartet habe, Perlen und Diamanten zu finden, werde ich enttäuscht. Ich brauche einen Augenblick, um festzustellen, wo ich bin. Der lange Flur mit grauem Linoleum und holzgetäfelten Wänden, die Stube mit dem Esstisch und der Durchreiche zur Küche, immer gut gewärmt durch ein Ofenrohr. Darunter habe ich in einem Pappkarton ein Küken großgezogen, das zu einem stattlichen Hahn heranwuchs. Der Schrank mit Fächern und Schubladen, in denen Krimskrams und Flitter aufbewahrt wurden, die ich, wenn ich unbeaufsichtigt war, durchwühlte. Auf der anderen Seite Küche und Speisekammer. Dort hockte ich und hielt mir die Ohren zu, als Hund Rino, mein Beschützer und Begleiter, im Garten mit einem Schuss von seiner schweren Krankheit erlöst wurde. Ich befinde mich in meinem Elternhaus, das schon vor langer Zeit abgerissen wurde, um einem Neubau zu weichen. Ich steige die Treppe hinauf. Es war strengstens verboten, das wacklige Geländer runterzurutschen. Ich tat es trotzdem und verstauchte mir bei der Landung den Knöchel. Mit den Schmerzen lief ich tagelang herum, um den Fehltritt nicht zuzugeben. Im oberen Stockwerk Wohnzimmer, Elternschlafzimmer, das Zimmer meiner Großeltern, das meines Bruders und meins. Alles noch vorhanden, die karierte Couch zum Ausziehen, der Schreibtisch, Plattenspieler, Radio, Regale mit Kinderbüchern und Büchern auf dem Weg zum Erwachsenwerden, mit Schullektüre und Poesiealbum. Auf dem Dachboden riecht es nach Staub und den Dingen, die in Koffern und Kisten verborgen sind, Kleider meiner Großmutter, ein Fuchspelzumhang mit dem Kopf des Tieres, eine Mandoline, Papiere und Bücher aus der Vorkriegszeit. Trotz der großen schwarzen Spinnen, die mich ekelten, hielt ich mich gern an diesem Ort auf. Mich überkommt ein

Gefühl der Verwunderung, dass ich das für immer verloren Geglaubte wiedersehen, fühlen und riechen kann. Es ist alles genau so, wie ich es als Kind wahrgenommen habe. Ich bin wieder dieses Kind. Aber etwas fehlt, es herrscht kein Leben in diesem Haus. Wo sind meine Großeltern, Eltern, mein Bruder, der Hund, der Hahn, die Kaninchen? Tränen laufen über meine Wangen. Weine ich?

Als ich aufwache, ist es hell im Zimmer. Ich weiß nicht, wo ich bin, finde mich angekleidet in einem fremden Bett wieder und entdecke, dass das Kopfkissen feucht ist. Der Schwebezustand zwischen Schlaf und Wachsein erlaubt mir, das Geschehen der Nacht ins Bewusstsein zu holen. Ich denke an Monsieur Dejours' Bemerkung über die Magie dieses Ortes. Sie hat mich zu meinem Schatz geführt.

»Haben Sie gut geschlafen?«, fragt mich die Hotelbesitzerin, als ich das Frühstückszimmer betrete.

Gerade will ich ansetzen: »Ich habe nicht …«, als ich mich besinne und sage: »Außerordentlich, ganz außerordentlich.«

Das habe sie erwartet, verkündet die alte Dame wissend lächelnd, als sei auch sie in das Geheimnis eingeweiht.

Nach dem Aufenthalt in Étretat brauchte ich zwei, drei Tage, um in die Welt zurückzufinden.

Der kleine Albert und der Mont-Saint-Michel

Eine Fahrt zum Mont-Saint-Michel hatte ich mir schon lange vorgenommen, aber immer wieder verschoben. Alles, was ich hörte und las, schreckte mich ab. Zweieinhalb Millionen Besucher jährlich, im Sommer fünfzehntausend täglich, Menschenströme wälzen sich durch die einzige Straße, die hinauf zum Kloster führt und an beiden Seiten gesäumt ist mit Läden voller Touristen-Schnickschnack und Fast-Food-Restaurants. Die Tatsache, dass Disneyland mit fünfzehn Millionen Gästen pro Jahr dem Mont-Saint-Michel den Rang als Touristen-Hotspot abgelaufen hatte, beflügelte mein Vorhaben nicht.

Aber dann, Anfang Juli 2009, es war eine regnerische Woche, beschloss ich, nachdem ich beim örtlichen Reisebüro eine Werbung für einen eintägigen Busausflug gesehen hatte, mich dem Mont-Saint-Michel trotz aller Bedenken zu nähern. Abfahrt Donnerstagmorgen um acht Uhr Trouville Stadtmitte, vier Stunden Hinfahrt, vier Stunden Aufenthalt, vier Stunden Rückfahrt. Das schien mir ein attraktives Angebot, ich brauchte nicht selbst zu fahren und mich vor Ort nicht um einen Parkplatz zu kümmern.

Zu der Zeit führte noch eine Straße direkt zum Felsen im Meer, an dessen Fuß sich Parkplätze für Pkws und Busse befanden. Der Mont-Saint-Michel hatte längst seinen Inselcharakter verloren, die Bucht, ursprünglich vom Meer bedeckt, war im Lauf der Jahre versandet. Man hatte bereits, so war zu lesen, mit der Planung eines gigantischen Renaturierungsprojekts begonnen. Ein Staudamm sollte den Wasserstrom regulieren und verhindern, dass sich im Watt Sedimente absetzten. Mehrere Kilometer entfernt sollte ein Großparkplatz mit Informationszentrum entstehen. Die Straße sollte einer Stelzenbrücke weichen, auf der Besucher zu Fuß, mit der Kutsche oder dem Shuttlebus zum Kloster gelangen würden.

Die Bauarbeiten sind längst abgeschlossen und die Pläne von damals Wirklichkeit geworden. Die Tourismuswerbung betont, der Felsen sei in seinen ursprünglichen Zustand zurückversetzt worden und nun wieder vom Meer umgeben. Das stimmt nicht ganz, die Stegbrücke, die Festland und Insel verbindet, ist auch bei Flut zu begehen, nur bei außergewöhnlichen Springfluten wird sie teilweise vom Wasser überspült, was als besondere Attraktion gilt und jede Menge Schaulustige anzieht. Jedenfalls können dank der perfekten Logistik die Touristenströme effektiver organisiert und gelenkt werden. Das alles war im Juli 2009 noch Zukunftsmusik. Mehrere Freunde rieten mir, mich mit Proviant einzudecken, das Essen in den örtlichen Lokalen sei teuer und schlecht.

So stehe ich denn an jenem Donnerstag, ausgerüstet mit Regenjacke, Butterbroten, Käse, gekochten Eiern und Gewürzgurken, Thermoskanne und Wasserflasche an der Bushaltestelle. Unterwegs habe ich mir in der Pâtisserie Charlotte zwei Croissants zum Frühstück gekauft. Der Bus kommt aus Honfleur, ist pünktlich und fast leer. Meine Vorfreude auf eine ruhige Fahrt angesichts der spärlichen Belegung wird gedämpft, als der Fahrer bekundet, bis Caen werde er fünfzehn Haltepunkte ansteuern, danach gehe es dann auf die Autobahn. Trotzdem bleibt die Zahl der Reisenden überschaubar, bis Caen ist nur etwa die Hälfte der fünfzig Plätze belegt. Wenn man von einem verliebten jungen Paar absieht, das nur Augen für sich selbst hat, besteht unsere Reisegruppe vorwiegend aus Leuten, die die fünfzig überschritten haben, und ich bin die einzige Alleinreisende. In Caen steigt eine ältere Dame, offenbar die Großmutter, mit einem etwa zehnjährigen Kind zu, einem Jungen, schmal, blass, mit Baseballkappe. Sie steuert geradewegs die Sitzreihe vor mir an, obwohl überall genug Platz wäre. Ich fühle mich vom Schicksal benachteiligt und merke, wie sich in meinem Inneren Unmut zusammenbraut. Gleich, schätze ich, wird der Junge seinen Gameboy oder ein anderes elektronisches Gerät auspacken, das nervtötende piepsende Geräusche von sich gibt oder ihn in eine Wolke von Musik hüllt, die bis zu mir herüberweht. Beim leisesten Anzeichen, nehme ich mir vor, werde ich den Sitz wechseln, und sehe mich schon nach einer geeigneten Alternative um. Aber nichts dergleichen geschieht. Das blasse Kind schweigt, die Großmutter holt ein Buch aus der Tasche, bebildert, wie ich durch den Spalt zwischen den Sitzen erkennen kann, und hält es dem Jungen hin, der sich an ihren Arm schmiegt, als sei er erschöpft. Unbeabsichtigt höre ich den Dialog der beiden mit.

»Schau, Albert, das ist der Bischof von Avranches. Er heißt Aubert, so ähnlich wie du. Er schläft, und im Traum …«

»Nein«, unterbricht sie das Kind, das Albert heißt, wie ich jetzt weiß, »er hat doch die Augen offen. Wenn man schläft, sind die Augen geschlossen.«

»Ja, auf diesem Bild, aber der Legende nach schläft er, und im Traum erscheint ihm der Erzengel Michael …«

»Der da!«

»Ja, genau, und der befiehlt ihm, eine Kapelle auf der kleinen Felseninsel in der Bucht zu bauen. Und damit er das nicht vergisst, legt er seinen Finger auf Auberts Kopf. Weißt du, der Erzengel Michael war so etwas wie ein Ritter, hier hat er eine Rüstung an und ein Schwert in der Hand.«

»Ein Ritter?« In der Stimme des Jungen klingt Begeisterung an.

»Ja, ein Ritter des Himmels, er kämpft gegen den Teufel, Luzifer, der selbst einmal ein Engel war und sich in viele verschiedene Monster verwandeln kann. Sieh mal, hier ein Skorpion, da ein Drache oder ein Löwe.«

»Hat er den Teufel besiegt? Ist er für immer weg?«

»So einfach ist das nicht«, erklärt die Großmutter geduldig, »der Teufel kann sich verwandeln und erscheint in allen möglichen Gestalten.«

»Michael war trotzdem ein guter Ritter, nicht?«

»Klar.«

Ich höre mit wachsendem Interesse der Unterhaltung zu. Als Kind hatte ich auch eine Ritterphase. Mein Bruder besaß eine Burg, die ich, wenn er sie mir überließ, mit Plastikrittern bevölkerte, die Turniere ausfochten, auf Plastikpferden aufeinander zugaloppierten und mit erhobener Lanze gegeneinander antraten. Auf dem Weg zum Schwimmbad kaufte ich mir vom Taschengeld am Kiosk Ivanhoe-Comics. So richtig verstand ich die Geschichte um Angelsachsen und Normannen und die Kreuzzüge nicht, aber der strohblonde tapfere Ritter hatte es mir angetan.

Vielleicht hätte Albert gern noch bei den Rittern verweilt, aber die Großmutter blättert weiter und widmet sich nun dem Kloster.

»Der Bischof Aubert hielt sein Versprechen und baute auf

dem Felsen eine Kirche. Schau, so winzig klein war die Kirche einmal. Im Lauf der Jahrhunderte wurde sie erweitert, größer und größer und auch umgebaut, zwischendurch war sie einmal ein Gefängnis und in einem schlimmen Zustand, bis sie die heutige Gestalt erhielt. Aber schon ganz früh lebten Mönche in dem Kloster.«

»Wie Frère Dominique?«

»Ja, so ähnlich, aber die Mönche damals hatten es nicht so bequem wie heute.«

»Mamie, ich bin müde«, sagt Albert, und die Großmutter rollt eine Strickjacke zusammen und schiebt sie dem Kleinen unter den Kopf, sodass er sich ans Fenster lehnen kann.

Ich tadle mich wegen meiner Vorurteile. Nicht alle Kinder beschallen ganze Zugabteile und Busse mit den Geräuschen ihrer elektronischen Geräte, muss ich reumütig eingestehen.

Als Albert in einen Schlummer gesunken ist, spreche ich die Großmutter an. »Entschuldigen Sie, ich habe ein bisschen mitgehört. Ihr Enkel ist wirklich reizend.«

Sie dreht sich zu mir um, jetzt erst nehme ich ihr Aussehen wahr. Graue Locken rahmen ein von Falten zerfurchtes Gesicht ein, gleichzeitig strahlen ihre Augen etwas Fröhliches aus und ihr Mund lächelt.

»Ja«, sagt sie, »er ist ein lieber Junge. Leider war er sehr krank. Seine Eltern in Paris haben ihn zu mir zur Erholung geschickt. Er interessiert sich gerade für Ritter und Mönche, deshalb sehen wir uns Burgen und Klöster an. Man darf ihn nur nicht überfordern.«

Ich frage, ob ich mir das Buch bis zur Ankunft am Mont-Saint-Michel ausleihen dürfte, und sie reicht es mir herüber. Es heißt *Zwischen Himmel und Meer,* und ich erfahre einiges über Geschichte und Architektur des Klosters und dass der Weg dorthin nicht ungefährlich war, denn der Felsen war nur bei Ebbe übers Watt zugänglich. Die Herbstnebel kosteten nicht wenigen Reisenden das Leben, sie irrten in den Schwaden orientierungslos herum und wurden von der Flut überrascht.

Kurz hinter Courtils, wo sich einst die Pilger sammelten, hält der Bus und lässt uns aussteigen, um von einem Aussichtspunkt aus einen, wie der Busfahrer betont, einzigartigen Blick auf den Mont zu genießen. Das Grau des Himmels ist über dem Meer aufgerissen, der Klosterberg in ein fast überirdisches Licht getaucht, sodass er wie eine Erscheinung über den tief hängenden Wolken thront. Wir, die Reisenden, sparen nicht mit Ahs und Ohs und finden, dass der Busfahrer nicht zu viel versprochen hat. Albert und seine Großmutter stehen neben mir, und ich nutze die Gelegenheit, mich vorzustellen und mich für die interessante Lektüre zu bedanken. Die Großmutter heißt Lucienne Bazin, wie ich erfahre, und hat vor ihrer Emeritierung an der Universität Caen Geschichte gelehrt, Schwerpunkt Regionalgeschichte. Deshalb kenne sie sich mit den historischen Monumenten der Gegend gut aus. Albert fragt mich, woher ich komme und ob es dort Ritterburgen gebe. O ja, Deutschland sei reich an Burgen und Schlössern, antworte ich und nenne als Beispiel die Burg Hohenzollern in Baden-Württemberg, die Lucienne sofort auf ihrem Handy googelt. Albert ist beeindruckt von dem, was er auf dem Foto sieht, und versucht, seiner Großmutter das Versprechen abzuluchsen, mit ihm eine Reise nach Deutschland zu machen. Ich habe bei ihm durch die Hohenzollern-Burg, an der ich völlig unbeteiligt bin, einen Stein im Brett. Bei näherem Hinsehen bemerke ich, dass sich unter Alberts Baseballkappe kaum Haare verbergen, nur ein bisschen dunkler Flaum lugt an den Rändern hervor. Und ich glaube zu verstehen, welche Krankheit Albert heimgesucht hat.

Nach fünfzehn Minuten Fahrtzeit erreicht der Bus den Parkplatz am Mont-Saint-Michel. Der Fahrer ermahnt uns, nach vier Stunden wieder pünktlich zur Stelle zu sein, er würde, ohne mit der Wimper zu zucken, jeden Nachzügler hier zurücklassen. Ohne dass wir es verabredet hätten, bleibe ich mit Lucienne und Albert zusammen, und wir erklimmen den Felsen gemeinsam. Natürlich bewegen wir uns in einem Menschenstrom, aber ich habe mehr Touristen erwartet und bin angenehm überrascht, dass das Gedränge auf der aufwärtsführenden Straße ausbleibt. Mittags sei eine günstige Zeit fürs Kloster, sagt Lucienne, weil die meisten Besucher, die vormittags einen Rundgang gemacht haben, in den Restaurants sitzen und essen und die vom Nachmittag noch nicht da sind. Außerdem habe sie Frère Dominique ihren Besuch für diese Zeit angekündigt, ich könne sie ruhig begleiten, der Pater würde sich freuen. Erschien mir der Felsen von ferne wie eine kompakte Festung aus Granit, wundere ich mich über die beträchtliche Anzahl an schindelbedeckten Häusern unterschiedlicher Größe und Höhe, manche mit Balkon und Fachwerkfassade, manche mit Türmchen und Erkern, und über das üppige Grün der Bäume und Sträucher und die Blütenpracht in einigen Gärten. In den Restaurants links und rechts des Weges stehen Gäste Schlange, um einen frei werdenden Tisch zu bekommen. Wir gehen langsam und halten mehrfach an, damit Albert nicht außer Atem gerät. Lucienne hat ein gutes Gespür dafür, und damit Albert sich seiner Schwäche nicht zu schämen braucht, weist sie, wenn es so weit ist, auf ein Schaufenster hin, in dem rote, grüne, gelbe Plastik-Mont-Saint-Michels in Miniformat oder T-Shirts mit Aufdruck oder andere völlig überflüssige Andenken ausgestellt sind. Im Schneckentempo steigen wir die gewundene Straße in die Höhe. Mir gefällt diese

Langsamkeit, und ich stelle mir Pilger vor, die vielleicht genau auf diese Weise, Schritt für Schritt, in Meditation versunken, allerdings ohne den Blick auf Souvenirläden zu lenken, sich ihrem erklärten Ziel nähern.

Wir kommen am Klostereingang an. Wie Lucienne vorhergesagt hat, müssen wir nicht lange anstehen. Ich erwerbe eine Eintrittskarte, während sie nach Frère Dominique fragt. Während wir warten, erklärt sie mir, sie habe den Priester im Rahmen ihrer Forschungen kennengelernt, er habe einige Beiträge zur Geschichte des Klosters veröffentlicht. Sein Orden bewohne das Kloster erst seit acht, neun Jahren, vorher seien Dominikaner hier ansässig gewesen. Die Bücher, Manuskripte und Urkunden aus der Abtei seien übrigens ins Skriptorial nach Avranches gebracht worden. Was für ein Orden das sei, frage ich sie. Er nenne sich »Die Gemeinschaften von Jerusalem« und sei in den Siebzigerjahren des 20. Jahrhunderts gegründet worden.

»Die Brüder und Schwestern sind angehalten, ihre Gemeinschaft in Großstädten zu leben«, fährt sie fort, »Oasen der Stille und des Friedens in die Wüste der Stadt zu tragen, so heißt es in ihrer Lehre. Und an Wallfahrtsorte wie diesen hier.«

Ich hätte gern mehr gewusst über diesen Orden, von dem ich gerade zum ersten Mal gehört habe, aber Lucienne hat ihre Hand zu einem Winken erhoben. Ein hochgewachsener, schlanker Mann im weißen Ornat kommt auf uns zu. Albert läuft ihm entgegen.

»Frère Dominique hat ihn im Krankenhaus in Paris besucht«, sagt Lucienne leise.

Der Pater kniet nieder und umarmt das Kind. Dann begrüßt er Lucienne, die mich vorstellt. Frère Dominique bedeutet uns, ihm zu folgen. Er nimmt den Weg des Rundgangs, der durch Pfeile ausgezeichnet ist. Kleine Gänge und Treppen, Gewölbe, die Vorratskammer, der Almosensaal, wo die Pilger in Empfang genommen wurden. Nach kurzer Zeit schon stellt sich das Gefühl ein, in einem Labyrinth zu sein, Schicht auf Schicht, Stein auf Stein, errichtet über Jahrhunderte. Über eine größere Treppe gelangen wir in einen beeindruckenden Saal mit Säulen, Kreuzgewölbe und Spitzbogenfenster und das angrenzende ehemalige Skriptorium, das nun Rittersaal genannt wird.

»Hier empfingen die Mönche im Mittelalter die Ritter«, sagt der Pater zu Albert gewandt, offenbar in Kenntnis von dessen Ritterbegeisterung.

»In Rüstung, nicht?«, will das Kind wissen und sieht sich um, als stelle es sich vor, dass statt der Touristen eine Schar von geharnischten Männern zwischen den Säulen herumspazieren würde.

»Bestimmt. Weißt du, dass damals die Normandie als Zentrum der Ritterausbildung angesehen wurde? Sogar aus England wurden die Anwärter geschickt, die Ausbildung war sehr streng. Natürlich mussten sie Kampftechniken lernen, aber auch gute Umgangsformen und Lesen und Schreiben.«

»Und Reiten«, fügt Albert hinzu.

Frère Dominique weist noch auf die großen Kamine hin, dann geht es durch mehrere Kapellen hinauf zur höchsten, dritten Ebene. Die Örtlichkeiten verwirren mich. Ohne Führung und ohne helfende Pfeile wäre ich hoffnungslos verloren, ich habe keine Orientierung mehr. Schließlich stehen wir im Innenraum der Abteikirche. Die im Rund angeordneten Fenster hinter dem Altarraum lassen Tageslicht ein.

»Der ursprünglich romanische Chor wurde im 15. Jahrhundert durch einen im spätgotischen Stil ersetzt«, erklärt Frère

Dominique. »Die ganze Abtei ist ein architektonischer Flickenteppich, ein unendliches Forschungsgebiet.«

Ich höre nicht mehr genau zu. Aus einem der Nebengebäude vernehme ich Gesang von der Art, die mich schläfrig macht. Und als ich mich auf eine der Holzbänke setze und die Augen schließe, spüre ich trotz der Geräusche der ein und aus gehenden Besucher ein bisschen von der Magie des Ortes. Ein Heiligtum auf einer Insel im Meer – die Pilger, die es früher bis hierher geschafft hatten, die das Ende ihrer beschwerlichen Reise erreicht hatten, die die letzte Strecke bei Ebbe durchs Watt gewatet waren, müssen, als sie schließlich dieses Kirchenschiff auf der kleinen Klosterinsel betraten, an ein Wunder geglaubt haben. Man stelle sich die Stille vor, die hier herrschte, von außen drang nur das Rauschen des Meeres herein. Wenn man nicht wüsste, dass hinter allen Legenden handfeste Realpolitik steckt, die mit Machterhalt, Kriegsführung und Landgewinn einhergeht, was den Glauben an Mythen erheblich einschränkt – man könnte hier tatsächlich den aufklärerischen Gedanken abtrünnig werden und ein Wunder in Erwägung ziehen. Mich würde nicht erstaunen, wenn irgendwo in dem Labyrinth, in einer unterirdischen geheimen Kammer, der Heilige Gral versteckt wäre. Hier hätte Dan Brown in seinem *Da Vinci Code* den Symbolforscher Robert Langdon suchen lassen sollen. Er wäre vielleicht zu einem anderen Ergebnis gekommen. Was aber auch wieder schade gewesen wäre, denn die Theorie des Grals als Symbol des Göttlich-Weiblichen hat ja etwas für sich. Ich lächle und bin wieder in der Wirklichkeit gelandet. Dann nehme ich ein Zupfen an meinem Ärmel wahr und öffne die Augen. Albert hat sich neben mich gesetzt, ohne etwas zu sagen. Vielleicht hat er die Atmosphäre ähnlich wahrgenommen. Vielleicht will er mich aber nur darauf hinweisen, dass Frère Dominique und Lucienne sich bereits am Ausgang auf der linken Seite postiert haben. Durch dieses Portal erreichen wir den Kreuzgang, der sich im Norden an das Kirchenschiff anschließt. Auch hier wieder das ungläubige Staunen, wenn man aus einer der Maueröffnungen aufs Meer sieht. Kultur und Natur verschmelzen miteinander.

Sie würde sich nun gern mit Frère Dominique zurückziehen, um etwas Fachliches zu besprechen, sagt Lucienne zu mir. Ob wir uns in einer Stunde am Ausgang treffen wollen. Der Vorschlag kommt mir sehr gelegen, ich möchte mir alles noch einmal allein ansehen, den Rundgang rückwärts durchlaufen. Da meldet sich Albert zu Wort, fragt seine Großmutter, ob er bei mir bleiben dürfe. Sie schaut erstaunt.

»Wäre Ihnen das recht?«

Einen Moment zögere ich. Kinder suchen im Allgemeinen nicht meine Nähe, und ich bin nicht betrübt darüber. Wenn ich bei Freunden oder im öffentlichen Raum Kinder beobachte, erscheinen sie mir oft wie gierige Jungvögel im Nest, die den Schnabel weit aufsperren und nach Futter schreien. Uneingeschränkt beherrschen sie mit ihrem lautstarken »Will haben, will dies, will das« eine ganze Gesellschaft. Oder sie leben ihren Bewegungsdrang ungehemmt aus. Oder testen ihr Stimmvolumen. Kurz, mein Verhältnis zu Kindern ist getrübt. Wie Lucienne bin auch ich überrascht, dass dieses Kind, das mich seit ungefähr drei Stunden kennt, sich mir anvertrauen und eine Stunde mit mir verbringen will. Was soll ich mit ihm anfangen? Während mir diese Gedanken durch den Kopf gehen, höre ich mich schnell sagen: »Ja, klar«, und ändere meinen Plan. Mit der Mahnung, Albert solle sich nicht von mir entfernen, gehen Lucienne und Frère Dominique davon. Lucienne blickt sich noch einmal um, und in ihrer Miene lese ich

Besorgnis und Verblüffung gleichermaßen. Ich schicke ihr ein Lächeln, damit sie weiß, sie muss sich keine Sorgen machen.

Aber ich mache mir Sorgen. Muss ich mir jetzt ein Unterhaltungsprogramm ausdenken? Was erwartet Albert von mir? Der zieht mich an der Hand zu einer Mauer, von der aus wir auf einen angelegten Klostergarten blicken, in dem es üppig grünt und blüht – auch das ein kleines Wunder. Wenn man mit der Hand über den rauen Stein streicht, fühlt man die Moosteppiche, die sich darauf angesiedelt haben. Ich suche nach einem Gesprächsthema und bringe wieder die Ritter ins Spiel. Aber Albert will jetzt nicht über Ritter reden.

»Ich habe neue Zellen bekommen, die mein Blut gesund machen sollen«, beginnt er. »Meinst du, sie schaffen es?«

Leukämie, denke ich und zögere mit einer Antwort. Er möchte von mir wissen, ob er eine Chance hat. »Doch, das kann ich mir vorstellen«, erwidere ich vorsichtig und ohne präzise Kenntnisse dieser Krankheit. »Vielleicht musst du ihnen ein bisschen Zeit geben, damit sie sich an deinen Körper gewöhnen und ihre Arbeit aufnehmen können.«

»Das haben sie schon, hat der Arzt gesagt. Sie bilden jetzt rote Blutkörperchen.«

»Eine sehr gute Nachricht.« Insgeheim stelle ich mir mit Schrecken vor, was dieses Kind in seinem jungen Leben erdulden musste, bin aber bemüht, mir mein Mitleid nicht anmerken zu lassen. »Früher wärst du wegen deiner Tapferkeit längst zum Ritter geschlagen worden.«

Albert legt seine Stirn in Falten und grinst dabei, sei es, weil ihm die Vorstellung eines Ritterschlags gefällt, sei es, weil er mein Ablenkungsmanöver durchschaut. Dann sagt er: »Aber warum bin ich immer so müde?«

»Ich glaube, weil dein Körper sich erholen will, und das

kann er am besten, wenn du schläfst. Stell dir vor, wenn du nicht müde wärst, dann würdest du herumtoben und spielen und laufen. Mit der Müdigkeit gibt dir dein Körper das Signal ›Albert, ich brauche jetzt Ruhe‹. Stell dir das vor wie eine rote Ampel. Danach wird sie wieder grün. Im Moment überwiegt noch das Rot, aber mit der Zeit wird Grün stärker, und irgendwann kannst du wieder alles tun.«

Albert schweigt. Es scheint, als habe ihm das Bild der Ampel gefallen. »Glaubst du an Gott?«, fragt er unvermittelt.

Nein, denke ich, nicht das noch. Was stellt dieses Kind für Fragen? Ich kann darauf nicht antworten, konnte ich noch nie. Mit Erwachsenen könnte ich in so einer Situation anfangen, über Religionen zu reden, über verschiedene Gottesbilder, über Moral und Ethik. Ich würde zurückfragen: Was bedeutet Glauben? Woran macht er sich fest? Aber was sage ich einem Kind? Da ich verstumme, fügt Albert hinzu: »Maman hat gesagt, sie hat angefangen, an Gott zu glauben und zu beten, damit er mich gesund macht.«

»Ja, weißt du«, wage ich einen Versuch, »ich denke, wenn man fest an etwas glaubt und es will, dann erzeugt man in sich Kräfte, die einen das Ziel erreichen lassen. Vielleicht klappt das nicht immer, aber für den Fall gibt es ja noch die Wunder.«

»Woher kommt ein Wunder? Und wie kann ich wissen, dass es da ist?«, fragt das Kind bohrend weiter.

»Tja, also«, beginne ich zögernd und planlos, »ein Wunder ist wohl ein Ereignis, für das man keine Erklärung hat, jedenfalls keine, die sich aus logischem Denken ergibt. Manche Menschen glauben daran, andere nicht. Und deshalb empfinden manche ein Ereignis als Wunder, andere nicht. Früher …« Ich will gerade ein Beispiel aus der Geschichte bringen, als man Naturphänomene noch nicht naturwissenschaftlich deuten konnte, aber ich breche ab. Das ist alles zu theoretisch, das versteht ein zehnjähriges Kind nicht. Ich muss anders ansetzen. Aber ich habe Albert unterschätzt, er interpretiert meinen Satz auf seine Weise.

»Du meinst, es geschieht etwas. Für mich ist es ein Wunder …, für … Maman nicht?«

»Ja, doch, so ähnlich. Es kommt darauf an, was man als Wunder ansieht.«

Das stellt Albert erst einmal zufrieden. Ich merke, dass mich dieses Gespräch erschöpft, weil es mich in Regionen führt, die ich gern mit rationalen Erklärungsmustern verdecke. An das Nicht-Erklärbare wage ich mich nicht heran. Albert ruft genau das in mir hervor. Er bemerkt meine Erschöpfung und legt seine Hand auf meine, als wolle er mich trösten und mir zu verstehen geben, dass auch er diesen Zustand kenne. In diesem Moment, mit diesem fremden Kind, dessen Nähe ich spüre, geschieht etwas. Ich fühle mich, ich kann es nicht anders ausdrücken: verstanden und aufgehoben. Und ich glaube, Albert geht es ebenso.

Würde jemand ein Foto von uns machen, das Bild zeigte eine Frau, die ihren Arm um einen blassen Jungen legt, der seinen Kopf in ihre Armbeuge bettet. Beide mit geschlossenen Augen. Beieinander, und doch für sich.

Als ich auf die Uhr sehe, erschrecke ich. Die gewährte Stunde ist längst überschritten. Lucienne wird schon beunruhigt auf uns warten. Wir bahnen uns den Weg zum Ausgang, der leichter zu finden ist, als ich dachte. Lucienne und Frère Dominique treffen in dem Moment ein, als wir ankommen, unsere Verspätung bleibt unbemerkt. Die beiden sehen uns an, als würden sie an uns eine unerklärliche Veränderung wahrnehmen. Ich habe Mühe, mich in die Gegenwart hineinzufinden.

Vielleicht geht es Albert auch so, und vielleicht ist es das, was wir ausstrahlen.

»Was habt ihr denn gemacht?«, fragt Lucienne.

»Eigentlich saßen wir die ganze Zeit nur auf einer Mauer«, sage ich. Albert sagt nichts.

Frère Dominique hat von Berufs wegen einen Blick für Aus-der-Welt-Gefallene. »Auf einer Mauer kann viel geschehen. Man kann vom Blitz erschlagen oder von den Strahlen der Sonne berührt werden. Man kann erkennen und erkannt werden. Viel kann geschehen auf einer Mauer«, wiederholt er wie zur Bekräftigung.

»Na, dann wollen wir uns mal um unser leibliches Wohl kümmern. Wie wäre es mit Essen und Trinken?« Lucienne holt uns auf den Boden der Tatsachen zurück.

Die restliche Zeit auf dem Mont-Saint-Michel verbringen wir in einer Gastwirtschaft, wo wir zum Kaffee ungeniert unseren mitgebrachten Proviant verzehren. Auf dem Rückweg zum Bus bittet Albert Lucienne, in einem Souvenirshop einen kleinen Anhänger aus Metall zu kaufen. Auf der einen Seite ist der Klosterberg abgebildet, auf der anderen der heilige Michael, der gerade den Drachen tötet. Er überreicht ihn mir als Geschenk.

Auf der Rückfahrt schläft Albert. Als Lucienne und er in Caen aussteigen, umarmen wir uns, und ich gebe ihr einen Zettel mit meiner Adresse.

Ein halbes Jahr später bekam ich einen Brief mit einer kurzen Notiz von Lucienne: »Albert hat Sie nicht vergessen. Er spricht oft von Ihnen. Es geht ihm besser, die Behandlung scheint erfolgreich zu sein. Gott sei Dank.« Und von Albert lag eine Ansichtskarte des Mont-Saint-Michel dabei. Er schrieb: »Die

Ampel ist jetzt häufiger grün. Wenn man an etwas glaubt, schafft man es. Das ist ein Wunder. Albert.«

Ich schickte ihm ein Buch über deutsche Burgen. Den Anhänger mit dem heiligen Michael trage ich immer bei mir.

Schlangen und Drachen

Es regnet seit fünf Tagen. Es regnet auch an diesem Märzabend, als ich mit dem Auto zum Bahnhof fahre. Trouville ist menschenleer, das gelbe Licht der Straßenlaternen spiegelt sich in den Pfützen. Ich hole meine Freundin Yoko ab, die mich für ein paar Tage besucht. Außer ihr steigen wenige Fahrgäste aus dem Zug, die schnell in der Dunkelheit verschwinden.

»So habe ich mir das Wetter in der Normandie vorgestellt«, sagt Yoko.

Sie mag Regen und ist mit allen Wassern der Welt gewaschen, denn als Schriftstellerin ist sie ständig auf Reisen, zu Lesungen, Vorträgen, als Gastdozentin an Universitäten, auch in ihrem Heimatland Japan. Von ihr habe ich gelernt, dass es außerhalb des Sichtbaren andere Dimensionen der Wirklichkeit gibt, und ich bin mittlerweile überzeugt, dass Logik und Vernunft nicht die einzigen Maßstäbe sind, die Welt zu betrachten. Hat man einmal die enge Grenzziehung der Rationalität überschritten, ändert sich die Wahrnehmung, und der Radius dessen, was man für möglich hält, vergrößert sich. Ich freue mich mit Yoko, wenn sie ihre wiedergeborene Katze im Jardin des Plantes in Paris entdeckt, und in unseren Gesprächen spielen Bücher, Filme, Theaterstücke eine ebenso große Rolle wie Zauberfüchse oder Bäume wie Magnolien, die vorzügliche Landeplätze für Geister sind. Meine Welt ist durch Yokos Blick reicher geworden.

Ich habe für Yoko eine Wohnung im Hôtel des Roches Noires mieten können, die genau über der von Marguerite Duras liegt. Das war Zufall und kein Kalkül, denn sie benötigt keinen Genius Loci. Ihr Geist ist an keinen Ort gebunden, er bewegt sich frei durch alle Lüfte und Wasser der Erde. Ich erzähle ihr vom Schutzgeist, der mir Zutritt in das Hôtel des Roches Noires verschafft hat, und dass ich gelesen hätte, in der römischen Mythologie sei der Genius in Gestalt einer Schlange dargestellt worden. Ob es vielleicht eine Rolle gespielt haben könnte, dass ich im chinesischen Sternzeichen der Wasserschlange geboren sei?

Bestimmt, meint Yoko und sagt, dass die japanische Mythologie reich sei an Wasserschlangen oder -drachen. Auch wenn sie nicht alle freundlich gesinnt seien, würden sie von den Menschen mit Respekt und Ehrerbietung betrachtet. Einer Legende nach stamme der japanische Kaiser von einer Wasserschlange ab. Ich könne mit diesem Sternzeichen sehr zufrieden sein.

Ich bin zufrieden und wäre nicht erstaunt, wenn aus den Fluten des Ärmelkanals in dieser Nacht ein Geist in Schlangengestalt auftauchte und sich in unsere Träume schliche.

Yoko schreibt immer früh am Morgen, bevor sie sich Alltagsdingen wie Essen oder Begegnungen widmet. Wir machen einen Rundgang durch Trouville. Wie weggewischt sind die Regenwolken, die Sonne strahlt vom blauen Himmel. Ob da eine Schlange ihre Hand oder vielmehr ihren Schwanz im Spiel hatte, mit dem sie über Nacht das Firmament blank gefegt hat? Eine heiße Schokolade in der Pâtisserie Charlotte muss sein, auch ein Besuch bei Gustave Flaubert, dessen marmorne Gestalt sich weiß vor dem Blau des Himmels abzeichnet und der mit ironischem Blick auf die Stätte seines frühen Glücks und Unglücks herabblickt, denn hier in Trouville begegnete er als Fünfzehnjähriger seiner großen Liebe, die unerfüllt blieb, der wir aber, so wird gesagt, seine *Madame Bovary* verdanken.

Yoko meint, es sei fraglich, ob das eine, die Liebe, etwas mit dem anderen, dem Schreiben, zu tun habe. »Stell dir vor, man würde behaupten, Flaubert habe jahrelang recherchiert und sich die Sätze mühsam abgerungen. Das klingt doch langweiliger als unerfüllte Liebe, oder?«

»Auf jeden Fall. Wobei ich es durchaus bemerkenswert finde, dass Flaubert, um den Rhythmus seiner Sätze zu finden, jeden einzelnen laut in den Garten seines Schreib-Pavillons in Croisset hinausgerufen haben soll, bis er für ihn richtig klang.«

Wir umrunden das Casino und laufen auf dem Holzsteg bis zu dem kleinen Leuchtturm, der die Hafeneinfahrt kennzeichnet. Wir schlendern an der Touques entlang, wo die Fischerboote im Schlick liegen, denn es ist gerade Ebbe. Wir laufen durch die Gassen mit den ehemaligen Fischerhäusern, die heute in den Ferien von begüterten Parisern bewohnt werden. Wir werfen einen Blick in die zwei im neoklassischen Stil erbauten Kirchen, Église Notre-Dame-du-Bon-Secours und Église Notre-Dame-des-Victoires, beide keine Meisterwerke der Baukunst. Die Rue des Bains führt uns zurück zu der kleinen Fähre, mit der wir übersetzen zum anderen Ufer, nach Deauville. Ich bin selbst erstaunt, was ich alles im Kopf habe und als Fremdenführerin nun an meinen Gast weitergeben kann. Wie aufmerksam man auf einmal wieder wird, wenn man jemandem etwas zeigt, während die Örtlichkeiten nach Jahren der Gewöhnung selbstverständlich geworden sind. Wie ein Kleidungsstück, dem man, weil man es täglich nutzt, keine Beachtung mehr schenkt.

Am Abend essen wir im Central, Yoko soll die normannische Fischsuppe probieren, mit Rouille und Croutons. Knoblauchgesättigt spazieren wir am Strand entlang, immer noch lachend über das französische Wort *rouille*, das, wenn man die Vokale vertauscht, also erst i, dann u, was dann *ryu* ergibt, im Japanischen Drache bedeutet. Die Schlange in der Knoblauchsauce.

Am nächsten Tag unternehmen wir einen Ausflug nach Honfleur. Auf der Fahrt dorthin kommen wir durch Villerville, wo, von der Straße aus gut sichtbar, an einer Hauswand mit großen Buchstaben »Affe im Winter« geschrieben steht.

»Was ist ein Affe im Winter?«, fragt Yoko, und ich erzähle ihr von dem Film und seinem Drehort. Sie schreibt sich Stichworte in ihr Notizbuch. Criquebœuf heißt das nächste Dorf mit einer Kirche aus dem 12. Jahrhundert. Lange habe ich gedacht, das *bœuf* im Namen würde auf besonderen Rinderreichtum hindeuten. Übersetzt wäre Criquebœuf dann also die Felsenbucht der Rinder. Ich stellte mir vor, wie Rinderherden frei über normannische Wiesen zogen wie im Wilden Westen. Weit gefehlt. Wie fast alle Ortsnamen an der Kanalküste stammt auch dieser aus der Zeit der Wikinger. Demnach hätte *crique* seine Wurzeln im norwegischen Wort für Kirche, und *bœuf* würde nichts anderes als »Dorf« bedeuten. Yoko findet, meine Rinderherden machten weitaus mehr her.

Den Namen des Ortes Pennedepie hätte ich unbedacht mit »Elsterfeder« übersetzt. Aber wahrscheinlich waren auch bei dieser Namensgebung die Wikinger ausschlaggebend und haben nicht im Geringsten an schwarzblau-weiß schillernde Vogelfedern gedacht.

Bevor wir das Ortsschild von Honfleur erreichen, nehme ich rechter Hand die Straße, die in die Höhe führt. Von einer Aussichtsplattform hat man einen hervorragenden Blick auf den Pont de Normandie, die Seine-Brücke.

»Von hier sieht sie aus wie der gezackte Rücken eines Drachen, der sich schlafen gelegt hat, den Kopf auf der einen Seite der Seine-Mündung, den Schwanz auf der anderen. Findest du nicht?«, fragt Yoko.

»Ja«, sage ich, »wenn er erwacht, speit er Feuer und verwüstet das Land. Die Menschen leben in Angst und Schrecken.«

»Doch es erscheint ein mutiger Prinz aus fernen Landen und schlägt dem Ungeheuer den Kopf ab.«

»Dafür erhält er nicht nur das Königreich Seine-Mündung, sondern auch die Hand der schönen Königstochter, die der Drache entführt hatte.«

»Sie hätten sie Drachenbrücke nennen sollen.«

Anders als Trouville oder Cabourg war das Städtchen Honfleur nie ein Badeort. An der Seine-Mündung gelegen, hatte es eine strategisch günstige Position für den Handel zwischen Rouen und England. Im Hundertjährigen Krieg zwischen England und Frankreich stellte sich die Lage allerdings als Nachteil heraus, denn die Engländer besetzten die Stadt gleich mehrfach, um über die Seine ins Inland zu gelangen. Im 17. Jahrhundert wurden von Honfleur aus Expeditionen nach Neufundland und Labrador durchgeführt und Handelsbeziehungen mit Kanada aufgebaut, es war eine prosperierende Zeit. Dann, im Laufe des 19. Jahrhunderts, versank das Städtchen in völliger Bedeutungslosigkeit. Die Schifffahrt übernahm das benachbarte Le Havre, der Fischfang an den nordamerikanischen Küsten wurde über Fécamp abgewickelt. Die mangelnde Infrastruktur erwies sich im Zweiten Weltkrieg jedoch als Vorteil.

Als einer der wenigen normannischen Küstenorte hatte Honfleur keinerlei Zerstörungen zu erleiden. Danach fiel die Stadt in einen Dornröschenschlaf, aus dem sie erst vor einigen Jahren erweckt wurde.

Wir schlendern durch die schmalen Gassen, die gesäumt sind mit Häusern aus rotem Backstein oder Fachwerk. Aus geöffneten Türen dringt kühle Feuchtigkeit auf die erwärmte Straße. Es riecht muffig. Wir beobachten eine rege Bautätigkeit, Fassaden werden wiederhergestellt, Wohnungen renoviert, Geschäfte umgebaut. Zwischen meinem ersten Besuch in Honfleur und diesem liegen gut zehn Jahre. Selten habe ich eine Stadt sich so rapide verändern sehen. Es scheint, als wollte sie den Anschluss an den Tourismus, den sie verpasst hatte, mit erhöhter Geschwindigkeit nachholen. Schon haben gemütliche Cafés und Teestuben eröffnet, sich Antiquitätengeschäfte angesiedelt, und Gästehäuser bieten Zimmer an. Das Musée Eugène Boudin, benannt nach einem der Väter der impressionistischen Malerei, der hier in seinem Heimatort eine Künstlerkolonie gründete, hat einen neuen Eingang erhalten.

»Maisons Satie« – ein leuchtend rotes Banner, quer über die Straße gespannt, weist auf das Geburtshaus des eigenwilligen Komponisten Erik Satie hin. Ein Museum, das dem Tonkünstler gewidmet ist, der Werke schuf mit so ungewöhnlichen Titeln wie *Wahrhaft schlaffe Präludien – für einen Hund* oder *Vertrocknete Embryonen*. Das müssen wir uns ansehen.

»Er wird dir gefallen, der Mann der Widersprüche, der Unergründliche«, sage ich zu Yoko, als wir den Rundgang beginnen und sogleich vor einer riesigen gelben Birne mit metallischen Flügeln stehen. Dabei ertönen die *Drei Stücke in Form einer Birne*, die eigentlich sieben sind. Ich merke, dass Yoko mit Feuereifer bei der Sache ist, um nichts zu verpassen. Sie fotografiert oder schreibt Notizen in ihr Buch. Der Spaßvogel und Sammler von Regenschirmen hält uns auf Trab, lässt uns teilhaben an seinem Spieltrieb. Eine Melodien generierende Musikmaschine hat er erfunden, und noch vor Entstehung des absurden Theaters eine *comédie lyrique* geschrieben, die nichts anderes als ein Scherz sein soll. Aus ihr stammt der mechanische Affe Jonas, der uns mit seinem melancholischen Schimpansenblick beobachtet. Als Exzentriker und Dadaist sei Satie bezeichnet worden, Man Ray nannte ihn den »einzigen Musiker, der Augen hatte«, erfahren wir. Finanziell habe ihm das alles nichts eingebracht. Nach seinem Tod sei herausgekommen, dass er in äußerster Armut gelebt hatte.

Etwas bedrückt angesichts dieses traurigen Endes sind wir froh über die wärmende Mittagssonne, als wir zum Hafenbecken hinuntergehen. Ein Restaurant reiht sich ans andere, aber außerhalb der Saison haben nicht alle geöffnet. Mit Blick auf die vertäuten Segelschiffe teilen wir uns eine Platte mit Meeresfrüchten und einen Teller mit einer ungeheuren Menge Pommes frites. Bei den Meeresschnecken streike ich, aber Yoko, in Japan gestählt durch Seeigelinnereien oder Fisch-Sperma, greift tapfer zu.

»Wie schmecken sie?«, frage ich.

»Sie sind fest und haben keinen ausgeprägten Meergeschmack, ein bisschen gummiartig. Mit der Vinaigrette geht es.«

Jakobsmuscheln, Austern, Miesmuscheln und Crevetten gehen auch ohne Sauce. Wir hinterlassen ein Schalen-Schlachtfeld auf der Platte.

Yoko zieht ihr Notizbuch hervor. »Wenn ich später mal ansehe, was ich hier geschrieben habe, werde ich denken, ich war nicht bei Trost: Affe im Winter, Bucht der Rinder, Drache über der Seine, Birne mit Flügeln, Regenschirmsammler, Meeresschnecken. Da werde ich mir keinen Reim draus machen können.«

»Das glaube ich nicht. Du kannst aus allem einen Reim machen«, sage ich. Denn Yoko besitzt die Gabe, wie im Traum Bilder auftauchen und wieder verschwinden zu lassen und zu einem Ganzen zu verflechten. Ich habe nicht den geringsten Zweifel, dass frierende Affen, geflügelte Birnen und schlafende Drachen in ihrer Literatur zusammenfinden würden.

Manga in Bayeux

Hast du Lust auf ein bisschen Geschichte?«, frage ich Yoko, »11. Jahrhundert, Wilhelm der Eroberer, Guillaume le Conquérant, der Normanne, der den englischen Thron besetzte?«

Schon lange hatte ich vor, mir den Teppich von Bayeux anzusehen, es aber nicht geschafft. Ich wusste nur, dass er zum Weltkulturerbe gehört und die Schlacht von Hastings 1066 darstellt. Yokos Besuch ist eine günstige Gelegenheit, und sie ist sofort einverstanden.

Dives-sur-Mer liegt auf unserem Weg. Wir machen Station, um eine Vorstellung zu bekommen, wo Guillaume mit seiner Flotte aufbrach, um über den Kanal zu segeln. Ich nenne ihn Guillaume, denn der Name Wilhelm kommt mir nur schwer über die Lippen. Er ist zu sehr mit deutschen Kaisern verbunden, als dass ich ihn auf einen Normannen anwenden könnte. »Port Guillaume« lesen wir auf den Schildern, an denen ich mich orientiere, in der Hoffnung, den authentischen Abfahrtsort zu finden. Ich erwarte einen Nachbau des alten Hafens, mit Schiffen, wie sie damals üblich waren, eine Art Freilichtmuseum. Aber wie in einem Labyrinth kurve ich herum und komme nicht ans Ziel. Es ist wie verhext, immer zeigt das Schild in eine andere Richtung. Wir landen schließlich in einer Neubausiedlung mit Ferienwohnungen und geben das Vorhaben auf. Später entdecke ich, dass das ganze Viertel um den Yachthafen herum Port Guillaume genannt wird, mit Port-Guillaume-Residenzen, Port-Guillaume-Restaurants, Port-Guillaume-Parkplätzen, deshalb die zahlreichen Schilder. Ich bin enttäuscht, Yoko amüsiert sich eher über das fehlgeschlagene Vorhaben. Die Fantasie erzeuge eindeutig die interessanteren Bilder.

Guillaumes Grab in Caens Abteikirche Saint-Étienne lassen wir aus, zumal unter der Grabplatte nur noch ein Oberschenkelknochen des Eroberers ruht, und nicht einmal der soll echt sein. Die Französische Revolution hat hier ganze Arbeit geleistet. Keiner kennt den Verbleib der Gebeine. Also gleich weiter nach Bayeux.

»Wer war dieser Guillaume?«, fragt Yoko, als wir im Auto sitzen. »Erzähl mir etwas von ihm.«

Ich krame mein lückenhaftes Wissen hervor. »Er war der außereheliche Sohn eines normannischen Herzogs, der von Wikingern abstammte. Die Wikinger hatten nichts gegen Polygamie, Kinder aus solchen Verbindungen wurden als legitim anerkannt. Sodom und Gomorrha nach Ansicht der Kirche. Sie verweigerte ihren Segen, und deshalb nannte man Guillaume den ›Bastard‹.«

»Die viel gepriesene Monogamie! Sie scheint eher ein Wunschbild gewesen zu sein«, meint Yoko. »Praktiziert wurden dagegen zu allen Zeiten wechselnde Partnerschaften. Haben nicht die Römer damit angefangen, das Idealbild der Zweierbeziehung hochzuhalten?«

»Na ja, das eine schloss auch bei den Römern das andere nicht aus. Ehe und Eherecht auf der einen Seite, sexuelle Praxis auf der anderen. Die christliche Religion predigte Monogamie und berief sich auf ihre Morallehre. Aber es gab noch einen anderen Aspekt, nämlich das Interesse der Kirche an klaren Machtverhältnissen. Ein Bastard konnte das gesamte System der Abstammung durcheinanderbringen. Guillaumes Vater, der Herzog, hielt jedenfalls, Kirche hin, Kirche her, seinen illegitimen Sohn für geeignet, seine Nachfolge anzutreten. Dann machte er sich aus dem Staub und auf zu einer Pilgerreise nach Jerusalem, von der er nie zurückkehrte. In der Normandie herrschte Aufruhr. Dass der junge Guillaume überlebte, grenzt an ein Wunder, alle seine Vertrauensleute wurden ermordet. Eine turbulente Zeit, dieses 11. Jahrhundert. Jedenfalls erwies sich Guillaume in all den mörderischen Auseinandersetzungen zwischen König, Kirche und Adligen als durchsetzungsfähig und konnte seine Macht sichern. Und schielte mit einem Auge schon in Richtung England. Dort saß noch der Wikinger-König Knut auf dem Thron, das änderte sich aber bald zugunsten des Angelsachsen Edward, dessen Mutter aus der Normandie stammte. An dem Punkt setzt die Geschichte ein, die auf dem Teppich dargestellt ist und die mit der Schlacht in Hastings und Guillaumes Krönung zum König Englands endet.«

»Das wäre doch ein passender Stoff für Shakespeare gewesen, für ein Königsdrama.«

»Unbedingt. Mord und Totschlag im Kampf um die Macht, Intrigen, Familienfehden, Verrat und Schlachten, König und Kirche – all das könnte mit *Richard III.* mithalten. Vielleicht lag die Geschichte mit Guillaume für Shakespeare zu weit zurück, und er wusste zu wenig darüber.«

In angeregter Unterhaltung über die Normandie im 11. Jahrhundert, Polygamie und Shakespeare erreichen wir Bayeux.

Vor uns liegt ein dunkler Raum. Wir tauchen ein in die Dunkelheit. Auf der linken Seite in einem Halbrund hinter

Glas leuchtet uns der Teppich entgegen. Die Farben: Anthrazit, Ocker, Braun, Schilfgrün. Erste Überraschung: Er ist nicht gewebt, sondern besteht aus feinstem Leinen, das mit Wollfäden bestickt wurde. Zweite Überraschung: die Detailgenauigkeit der Figuren, Menschen, Tiere und Fabelwesen. An der Kasse haben wir Audioguides bekommen – sogar einen in japanischer Sprache –, aber wir wollen zuerst nur schauen, unsere Augen sättigen mit den faszinierenden Bildern, bevor wir uns mit der Geschichte beschäftigen. Außer uns ist nur ein junges Paar im Raum, sodass wir genügend Zeit und Platz haben, alles eingehend zu betrachten, vor und zurück, rauf und runter.

»Was für eine Schönheit«, hauche ich überwältigt. Wir können nicht an uns halten mit Ausrufen über das Unglaubliche, das sich vor uns auftut.

»Jeder einzelne Finger ist zu erkennen.«

»Die Gesichter drücken Skepsis, Angst, Freude oder Trauer aus.«

»Ein Kamel.«

»Fabelwesen, geflügelte Drachen, Löwen, Wölfe, Füchse mit einem Vogel in der Schnauze.«

»Segelboote auf Meereswellen.«

»Bauern, die pflügen und säen.«

»Ritterrüstungen, ein Kessel, in dem gekocht wird, ein gebratenes Hühnchen.«

»Keine Frau?«

»Doch, da bei dem sterbenden König Edward, wahrscheinlich seine Gattin. Und da, die völlig Verhüllte mit dem Geistlichen, der sie am Kopf berührt. Darunter ein nackter Mann mit großem Geschlechtsteil. Soll das eine Hure sein, die von dem Kleriker angeprangert wird?«

»Noch eine Frau, mit einem Kind. Jemand zündet ihr Haus an, die beiden scheinen zu fliehen.«

»Aber insgesamt eine Männerdomäne, die Welt der Macht und der Schlacht. Frauen zählten da nicht.«

»Gefallene Pferde, abgeschlagene Köpfe, Schwerter, Reiter, Bogenschützen.«

Wir sehen und staunen.

»Durch die Stilisierung wirkt die Darstellung unglaublich modern«, findet Yoko.

Auch mich überrascht und fasziniert die Modernität der Bilder. Wenn ich nicht wüsste, dass sich Experten und Historiker mit diesem Kunstwerk beschäftigt haben und seine Entstehung im 11. Jahrhundert verbürgt ist, ich würde denken, ein zeitgenössischer Comiczeichner wäre hier am Werk gewesen und hätte mit seinen Vorlagen eine digitale Stickmaschine gefüttert.

Vor uns hin redend lassen wir unserer Begeisterung, unserem Staunen, unserer Hingabe an die Bilder freien Lauf, spazieren vor der Glaswand hin und zurück und können uns kaum sattsehen. Dann erst kommt der Audioguide zum Einsatz, und wir beginnen, die Bilder der Geschichte zuzuordnen.

Auf dem ersten Bild, erklärt uns der Audioguide, sei der angelsächsische König Edward dargestellt, der freundschaftliche Beziehungen zur Normandie und speziell zu Guillaume pflegte. Der König sei dabei, Graf Harold zu verabschieden, der zu einer Reise in die Normandie aufbricht.

Wir lassen das Gerät wieder sinken und stellen Fragen, die uns die Stimme nicht beantwortet. Was wollte Harold in der Normandie? Stimmt es, dass er von Edward beauftragt wurde, Guillaume die Botschaft zu überbringen, er, Guillaume, solle Edwards Nachfolger auf dem Thron werden? Hat Edward bereits zu einem früheren Zeitpunkt Guillaume die Krone versprochen, wie einige behaupten? Oder wurde Harold als Edwards designierter Nachfolger bestimmt, wie andere meinen?

»Auf jeden Fall der gelungene Beginn einer Geschichte«, sagt Yoko, »da deutet sich eine schöne Konkurrenzsituation an. Zwei Männer, ein Thron, nur einer kann ihn erringen.«

»Erzählen wir doch die Geschichte!«, schlage ich vor, »füllen wir die Lücken mit unserer Fantasie! Version eins: Harold als Abgesandter soll Guillaume Edwards Entscheidung überbringen. Stell dir mal vor, was er, der sich selbst schon als König sah, bei dieser Mission empfunden haben muss.«

»Neid, Hass, den Wunsch, Guillaume auszuschalten.«

»Genau. Version zwei«, spinne ich weiter, »Harold als Edwards erklärter Nachfolger soll Informationen über die Lage in der Normandie einholen, als Spion gewissermaßen. Vielleicht um zu prüfen, ob Gefahr von dort droht. Edward mag sich vage erinnern, dass er irgendwann einmal nach einem feuchtfröhlichen Gelage Guillaume ein Versprechen gegeben hat, das er nun nicht mehr einzuhalten beabsichtigt. Harold erfährt nichts von diesem Versprechen, und als ergebener Diener seines Königs segelt er los, um die Mission zu erfüllen. Dann greift das Schicksal ein, und es kommt anders.«

Verbürgt ist, erklärt die Stimme aus dem Audioguide, dass Harold bei seiner Landung in der Normandie vom Grafen von Ponthieu festgenommen und eingesperrt wird. Guillaume erfährt davon, befreit den Gefangenen und bringt ihn auf sein Schloss. Harold steht Guillaume bei einem Feldzug in der Bretagne als Verbündeter zur Seite und gelobt ihm nach gewonnener Schlacht ewige Treue.

»Das ist dieses Bild.« Ich zeige auf Guillaume, der auf dem

Thron sitzt und die Hand ausstreckt, während Harold zwischen zwei Schreinen steht und beide berührt.

»Als würde er zwischen zwei Stühlen sitzen«, meint Yoko, »zwei Seelen wohnen in seiner Brust. Oder interpretieren wir zu viel hinein?«

»Und wennschon«, sage ich, »wir erzählen die Geschichte, da ist es erlaubt zu interpretieren. Nehmen wir an, Harold war seinem Retter zu Dank verpflichtet, weil er ihn befreit hat. Dann konnte er gar nicht anders, als ihm Schlachtenhilfe zu leisten und Treue zu schwören, vielleicht mit Grimm im Herzen und überkreuzten Fingern auf dem Rücken. Für Guillaume könnte die Schlacht eine günstige Gelegenheit gewesen sein, Harolds Kampftechnik zu beobachten.«

»Stopp«, sagt Yoko, »wie wäre es mit dieser Version: Die beiden Männer sind sich sympathisch und freunden sich an. Harold geht stillschweigend davon aus, Guillaume werde ihn auf dem englischen Thron unterstützen, wie es sich für eine gute Freundschaft gehört. Guillaume dagegen – er weiß noch genau, was Edward ihm versprochen hat – hält seinen Einzug in England für gesichert und erwartet von dem Freund keinerlei Gegenwehr. Sie verlieren, typisch Mann, kein Wort über ihre jeweiligen Erwartungen.«

Harolds Gesichtszüge auf dem Teppich geben keinen Hinweis darauf, wie er sich gefühlt haben muss. Wir sehen ihn ein Boot besteigen und nach England zurücksegeln. Harold streckt zwei Finger der linken Hand in die Luft, während die anderen in der Handfläche verborgen sind. Ob die Geste etwas zu bedeuten hat? Wenn es sich um Zeige- und kleinen Finger handeln sollte, wäre es nach heutigem Verständnis eine Geste des Schweigens. Will er Edward den Treueschwur verschweigen? Auf dem nächsten Bild steht er schon vor seinem

König, mit offenen Händen und den Kopf vorgestreckt wie eine Schildkröte. Auf dem folgenden – es muss allerdings ein gutes Jahr vergangen sein – stirbt Edward, und Harold wird zum König gekrönt. Der Teppich zeigt ihn mit Zepter und Krone.

Yoko überlegt, ob Harold wohl irgendein Schuldgefühl dabei empfindet. »Wenn Edward Guillaume als Nachfolger bestimmt hat, sitzt da ein Verräter, der sich die Macht widerrechtlich angeeignet und den Treueschwur Guillaume gegenüber gebrochen hat. Verrat! Ist ihm das egal, oder plagen ihn Gewissensbisse? Waren die Herrscher jemals von Skrupeln geplagt?«

»Wahrscheinlich nur in der Literatur, in Shakespeares *Richard III.* erscheinen dem Bösewicht die Ermordeten im Traum, und die eiskalte Lady Macbeth verfällt dem Wahnsinn. Vielleicht wünschen wir uns, dass das so sei, dass es so etwas wie Sühne gibt. Über Guillaumes Seelenleben können wir nur spekulieren. Nehmen wir an, er ist tief getroffen, als ihm die Botschaft von Harolds Krönung überbracht wird. Das kann er natürlich nicht hinnehmen. Wenn er seinen Anspruch nicht friedlich geltend machen kann, dann eben mit Gewalt.«

»Aber wenn ihm die Krone gar nicht versprochen wurde«, wirft Yoko ein, »dann wäre die Invasion in England ein feindlicher Übergriff, oder?«

Später lesen wir in den Büchern, die wir im Museumsshop erwerben, dass Guillaume seine Machtübernahme strategisch vorbereitete. Er suchte Verbündete und fand Unterstützer in Papst und Kaiser. Auch von flämischem Beistand ist die Rede, denn Guillaumes Frau Mathilde stammte aus Flandern. Diese Hintergründe stellt der Teppich nicht dar, ebenso wenig wie Harolds Abwehrkämpfe, die zur gleichen Zeit in England stattfanden, als die Norweger versuchten, das Land an sich zu bringen. Harold war also truppenmäßig und vielleicht auch mental geschwächt. Das wird Guillaume gewusst haben, als er begann, Schiffe bauen zu lassen und ein Heer zusammenzustellen. Schiffbau, Proviantbeschaffung und Überfahrt werden auf dem Teppich wieder ausführlich dargestellt, ebenso wie dann die Schlacht von Hastings, in der Harold ums Leben kommt. Der Teppich zeigt, dass ein Pfeil sein Auge durchbohrt, und er, am Boden liegend, von einem Schwerthieb getroffen wird. Also kein Zweikampf der Giganten. »Et fuga verterunt Angli«, »und die Engländer haben sich zur Flucht gewandt«, heißt es auf dem letzten Bild, auf dem die Engländer bedröppelt abziehen, verfolgt von den überlegenen normannischen Kriegern. Ein beschämendes Ende für die Engländer. Man hätte erwartet, dass Guillaume als strahlender Sieger auf dem englischen Thron zu sehen ist. Möglicherweise gab es diese Szene einst, denn der Teppich ist am Ende unvollständig.

Wir laufen noch einige Male vor der Glaswand hin und her. Der Teppich beginnt lebendig zu werden, als würde ein Film vor unseren Augen ablaufen.

»Wie ein Manga oder vielmehr ein Anime«, findet Yoko, und ich kann ihr nur recht geben.

Im ersten Stock des Museums erfahren wir Einzelheiten über den historischen Kontext, die Entstehung des Teppichs, Stick- und Färbetechniken der damaligen Zeit, Bootsbau, Kleidung und Ernährung. Nachdem wir noch einen Blick in die gegenüber vom Museum gelegene Kathedrale Notre-Dame de Bayeux geworfen haben, wo der Teppich im 15. Jahrhundert aufgehängt gewesen sein soll, suchen wir ein Gasthaus auf, um nach dem Augenschmaus unsere Mägen zu füllen.

An einem Tisch mit rot-weiß gewürfelter Tischdecke laben wir uns an Kaninchen- und Hühnerkeule, grünen Bohnen und Kartoffeln. Sobald die Crème Caramel verspeist ist, holen wir die Bücher aus dem Museumsshop hervor und lesen nach, in welches Licht Forscher und Historiker die auf dem Teppich dargestellten Ereignisse stellen. Kein eindeutiges Ergebnis, mal leuchtet das Licht von englischer, mal von normannischer Seite. Wirklich schade, finden wir, dass Shakespeare uns kein Königsdrama über Harold und Guillaume hinterlassen hat, wir hätten schon einen Titel: Wilhelm der Bastard. Zu tendenziös? Die Engländer hätten vermutlich ihre Freude daran gehabt. Sie wurden die Normannen-Könige ziemlich schnell wieder los. Deren Herrschaft in der Nachfolge Guillaumes dauerte nicht einmal hundert Jahre und weist einige Ungereimtheiten auf, aus denen sich wiederum spannende Geschichten erzählen ließen. Der erste Sohn starb bei einer Jagd durch einen Pfeil in die Lunge – kann es einen so schlechten Schützen geben, dass der Schuss als Zufall gelten kann? Der zweite durch eine Lebensmittelvergiftung – kein Kommentar. Der Nachfolger, ein Neffe des zweiten Sohnes, kam durch einen Herzinfarkt ums Leben, was auf eine natürliche Todesursache schließen lässt, aber da war England längst durch Erbfolgekriege geschwächt, und die Plantagenets kamen ans Ruder, deren Letzter Richard III. war.

Was den Verbleib des Teppichs angeht, lesen wir noch, grenzt es an ein Wunder, dass er halbwegs erhalten blieb. In Unkenntnis seines kulturellen Wertes wäre er fast als Wagenplane missbraucht oder in Stücke geschnitten worden. Während der deutschen Besatzung bekundeten die Nazis Interesse am Teppich, denn in den Schlachtszenen sahen sie die Kampfkraft nordischer Völker verherrlicht, nach ihrer Theorie ein weiterer Beweis für die »Überlegenheit der arischen Rasse«. Sie brachten das Objekt in den Louvre nach Paris, um es von dort nach Berlin zu transportieren. Das Vorhaben scheiterte jedoch dank der Widerstandskämpfer, die die Straßen blockiert hatten.

Ich schlage vor, spazieren zu gehen, um zu schauen, was die Gegenwart zu bieten hat, und Yoko nickt zustimmend. Wir schlendern durch die Altstadt von Bayeux und lassen uns von den kulinarischen Spezialitäten verführen, probieren den Heiligen Adam, eine Meringue mit Praliné und Mousse au Chocolat, und die Heilige Eva, Meringue mit Mandeln und Vanillecreme.

»Heilig?«, fragt Yoko, »Adam und Eva waren doch die großen Sünder schlechthin.«

Ich lache. »Geheiligt sei die Schlemmerei!«, sage ich und beiße in den Eiweißschaum, der sich knirschend meinen Zähnen ergibt.

Kommissar Leblanc

Einen Kriminalroman schreiben? Ich bin keine eifrige Leserin dieser Gattung, kenne die Maigret-Romane von Simenon und die psychologischen Thriller von Patricia Highsmith, aber wenig mehr. Und das Verbrechen als Phänomen interessiert mich auch nicht sehr. Warum wollte ich einen Kriminalroman schreiben? Ich denke, aus zwei Gründen.

Zum einen zeichnet sich dieses Genre durch eine klare Struktur aus: Man braucht ein Verbrechen, einen Täter, ein Motiv, einen Kommissar, der den Fall aufklärt, und viel Drumherum, das sich beliebig gestalten lässt. Also ein Korsett, aber auch viel Freiraum.

Zum Zweiten hatte ich, bevor ich an irgendeine Handlung dachte, die Figur meines Kommissars inklusive seines Namens im Kopf, Jacques wie die Jakobsmuschel und Leblanc wie der Schöpfer von Arsène Lupin. Fünfzig Jahre alt, unverheiratet, Charmeur und *homme à femmes*, unbrauchbar für eine dauerhafte Beziehung. Lässig, schlank mit Bauchansatz (ein guter Esser, der Mühe hat, seinen Körper in Form zu halten), dichte graue Haare, die über den Nacken reichen. Ein ausgezeichneter Kriminalist mit hoher Aufklärungsquote, gründlich in den Recherchen und ein guter Spurenleser. Er hat sich von Paris nach Deauville versetzen lassen, um dem immer brutaler werdenden organisierten Verbrechen mit Prostitutions-, Drogen- und Cyberkriminalität zu entkommen. In der Provinz, so glaubt er, sei er mit seinen Ermittlungsmethoden, die man heute vielleicht als »old school« bezeichnen würde, am richtigen Ort. Mit fünfzig hat er den Zenit seiner Virilität leicht überschritten. Das Wissen darum verleiht ihm einen Anflug von Melancholie, aber noch verläuft sein Liebesleben zufriedenstellend. Zu nahe kommen darf man ihm nicht, und jeder Versuch, ihn zu binden, führt zu sofortiger Flucht. Seine Seele bleibt weitestgehend eine dunkle Zone, in die er nur selten hineinleuchtet und Mitmenschen gar keinen Einblick gestattet.

Hier kommt nun auch eine Frau ins Spiel, Marie, die Leblanc einmal näher kam, als ihm lieb war. Sie versuchten es miteinander, gaben aber das Vorhaben nach einem knappen Jahr wieder auf. Nach der Trennung empfand er überraschenderweise eine Leere, sie kämpfte mit dem Gefühl der Enttäuschung. Beide hatten den Eindruck, nicht alle Möglichkeiten ausgeschöpft zu haben. Nur wussten sie nicht, wie sie das bewerkstelligen sollten. Und so blieb es dabei, dass sie sich in Paris aus dem Weg gingen. Zufällig, ohne voneinander zu wissen, treffen sich die beiden nach Jahren in Trouville wieder, denn Marie hat dort ein Gästehaus eröffnet. Das, so dachte ich, würde genug Potenzial bieten für die emotionale Seite der Geschichte.

Ich holte meinen Kommissar nicht Stück für Stück aus mir heraus, er war gleich fix und fertig da, mit Charaktereigenschaften, die mir nicht unbedingt sympathisch waren. Ich sah ihn vor mir wie in einem Film, und ich glaubte ihn zu verstehen, konnte seine Handlungen nachvollziehen. Das klingt vielleicht merkwürdig, weil er doch mein Geschöpf ist und ich ihn nach Belieben gestalten könnte. Aber das ist nicht der Fall. Ich musste ihn akzeptieren, wie er war. Eine Figur, einmal ins Leben gerufen, wenn auch ins fiktive, macht sich selbstständig, und die Autorin ist gezwungen, ihrer Entwicklung und Dynamik Rechnung zu tragen. Zu Beginn des Schreibens hätte ich mir nicht träumen lassen, welche Richtung mein Kommissar im Lauf der Zeit und unter den gegebenen Bedingungen einschlagen würde.

Ähnlich war es bei Marie. Auch sie entwickelte sich unaufhaltsam auf ihre Weise, traf Entscheidungen, die ich nicht für gut hielt. Als »Vorbild« für Marie nahm ich meine Freundin Lydie mit ihrem Gästehaus. Generell kann ich für meine Figuren behaupten, dass sich Ähnlichkeiten mit Lebenden oder Verstorbenen keinesfalls rein zufällig ergaben. Ich schöpfte aus meiner Umgebung. Je mehr Romane ich schrieb, desto mehr griff ich auf Erlebnisse, Personen, Beobachtungen, Erkenntnisse aus meinem Leben zurück. Das geschah nicht bewusst und willentlich, sondern wie von selbst. Am Ende ihrer Metamorphose wichen die Romanfiguren vollkommen von ihren Vorbildern ab.

Zurück zum Anfang. Ich hatte also zunächst zwei Figuren im Kopf, aber keine Handlung, keinen Fall, der für einen Kriminalroman unabdingbar ist. Das änderte sich, als im Sommer des Jahres 2006 die historische Fischhalle in Trouville abbrannte. Die elektrischen Leitungen und Sicherungen seien nicht mehr auf dem neuesten Stand gewesen, hieß es, und die Fischhändler hätten sich schon mehrfach über die antiquierte und nicht ungefährliche Ausstattung des Kühlhauses beklagt, aber ihre Klagen seien nicht erhört worden. Nun war von Brandstiftung die Rede, und als Täter wurde ein Mann verhaftet, ein Tagelöhner, der von den Fischern gelegentlich als Handlanger beschäftigt wurde. Sein geistiger Zustand wurde als nicht zurechnungsfähig bezeichnet.

Damit hatte ich meinen ersten Fall. Der Tagelöhner wird tot an den Strand gespült, Marie findet die Leiche beim Spazierengehen, ruft die Polizei an und steht Jacques Leblanc gegenüber. Aus diesem Anfang – es gab einen Toten und ein Paar, bei dem es knisterte – ließ sich eine Geschichte entwickeln.

Ich hätte nicht gedacht, wie viel Recherche für einen Roman notwendig wäre, um eine Handlung überzeugend darstellen zu können. Eine fiktive Geschichte, dachte ich zunächst, sei eine Sache des Erfindens, man könne ihr Entstehen getrost dem eigenen Kopf überlassen. Weit gefehlt. Wenn das Umfeld eines Romans nicht präzise und wirklichkeitsnah dargestellt ist, erscheint die Handlung nicht glaubwürdig. Orte, Zeit, Fakten und gesellschaftliches Umfeld müssen stimmen, bei einem Kriminalroman umso mehr.

Mit Recherche war ich vertraut durch meine Radiofeatures und Sachbücher. Es hatte mir immer Spaß gemacht, mit Menschen zu sprechen, Interviews zu führen und Dingen auf den Grund zu gehen.

Intensiv suchte ich nach Informationen über Fischindustrie, Arbeitsbedingungen der Fischer, Überfischung, Fischzucht und Fischfarmen. Ich las Bücher und Artikel, befragte die Fischer in Trouville und sah zu, wie die Kisten mit Makrelen auf Lastwagen geladen wurden, die sie zum Großmarkt nach Paris brachten. Ich brauchte eine Biografie für den pyrotechnisch begabten Handlanger, sprach mit Feuerwehrleuten über ihre Einsätze und fuhr stundenlang in der Umgebung von Trouville herum, um geeignete Örtlichkeiten zu finden. In Abbruchvierteln forschte ich nach baufälligen Häusern, fotografierte bei einer Schlossbesichtigung Wände und Fußböden und studierte ständig die Speisekarte vom Central.

Vier Jahre hat mich dieser erste Kriminalroman beschäftigt.

Geschrieben habe ich ausschließlich in Trouville. Kein Verlag trieb mich an, denn ich hatte keinen. An eine Veröffentlichung dachte ich nicht. Es war ein Versuch. Das änderte sich, als *Kein Tag für Jakobsmuscheln* erschien. Vier weitere Romane mit meinem Kommissar Leblanc folgten. Geschrieben wurden sie in Trouville, an einem Tisch mit Blick aufs Meer.

Krimifans mit Vorliebe für Nervenkitzel, brutale Morde oder blutrünstige Mörder kommen bei mir nicht auf ihre Kosten. In meinen Romanen lege ich mehr Wert auf den Charakter und die Entwicklung der Figuren und auf die Beschreibung von Umgebung und Atmosphäre. Die eigentliche Hauptrolle aber spielt sowieso die Normandie, die Kanalküste von Le Havre bis zu den Landungsstränden der Alliierten, das Gebiet von Pont-l'Évêque bis Lisieux – meine Normandie, wie ich sie erlebt habe.

Die Ahnung, die mich bei meinem ersten Aufenthalt in Madame Colettes Märchenschloss überfiel, hat nicht getrogen: Mein Leben hat sich nachhaltig verändert.

Ich wohne jetzt in Hamburg, Trouville ist in größere Ferne gerückt, nicht nur geografisch. Vieles hat sich verändert. Und doch, wenn ich die Augen schließe, sehe ich sie alle so lebendig vor mir, als wäre ich gerade die Treppe zu meinem Appartement hinaufgestiegen und hätte sie nur im Garten zurückgelassen: Jean und Monsieur Herzberg, Madame Andrei und Monsieur Weizmann, Milène und den Concierge und all die anderen Bewohner des Hôtel des Roches Noires. Ich sitze mit Igor im Restaurant des Grand Hôtel in Cabourg und mit dem kleinen Albert auf einer Mauer auf dem Mont-Saint-Michel. Ich begleite Monsieur Dejours ins Casino von Étretat, gehe mit Lydie und Ultimo am Strand von Villerville spazieren und staune mit Yoko über den Teppich von Bayeux. Als an einem Hamburger Herbstmorgen der von der Alster aufsteigende Nebel die Umgebung in eine undurchdringliche weiße Wand verwandelt hatte, glaubte ich das Rauschen der Wellen zu hören, wie sie bei auflaufender Flut an die Kanalküste brandeten. Die Zeit ist vergangen, aber nicht verloren, solange die Erinnerung sie zum Leben erwecken kann.

Jeder ist eine Insel: Autorinnen und Auto

978-3-86648-646-1

978-3-86648-675-1

978-3-86648-611-9

978-3-86648-654-6